Edition Maritim

POESIE DES MEERES

Zusammengestellt von
Nathalie Couilloud

Edition Maritim

Copyright © 2007 Éditions Glénat/Chasse-Marée, BP 177, F – 38008 Grenoble Cedex
Titel der französischen Originalausgabe: Encre de Mer

Bibliografische Information der Deutschen Nationalbibliothek
Die Deutsche Nationalbibliothek verzeichnet diese Publikation
in der Deutschen Nationalbibliografie; detaillierte bibliografische
Daten sind im Internet über http://dnb.d-nb.de abrufbar.

1. Auflage
ISBN 978-3-89225-637-3
© für die deutsche Ausgabe:
Edition Maritim GmbH,
Raboisen 8, D-20095 Hamburg

Lektorat: Birgit Radebold
Layout: Laurence Le Doaré, Gabriele Engel
Umschlaggestaltung: Buchholz/Hinsch/Hensinger, Hamburg
Druck: Kunst- und Werbedruck, Bad Oeynhausen
Printed in Germany 2010

Vertrieb: Delius Klasing Verlag, Siekerwall 21, D-33602 Bielefeld
Tel.: 0521/559-0, Fax: 0521/559-115
E-Mail: info@delius-klasing.de
www.delius-klasing.de

Inhalt

Vorwort

Das Zusammenstellen von Texten für eine Anthologie ist eine angenehme, eine anregende Aufgabe. Und eine durchaus subjektive Angelegenheit, die ein gewisses Feingefühl erfordert.

Man könnte glauben, dass man sich zumindest auf bestimmte wesentliche Autoren würde einhellig einigen können … dennoch müssen dafür Tausende von Seiten Melville, Conrad, Stevenson, London oder Leip gesichtet werden, um die richtigen, die bemerkenswerten Passagen zu finden. Spätestens jetzt erweist sich die Mission als schlichtweg unmöglich. Denn was uns berührt und bewegt, trifft uns an einer empfindsamen Stelle und gemahnt uns vielleicht an eine vergangene Gefühlsregung oder an einen Gedanken, den wir auf See hatten, etwa am Ruder unseres Schiffes … an etwas sehr Persönliches, was wir noch niemals haben in Worte fassen können, und nun soll es also einen Schriftsteller geben, der das so meisterhaft beschreibt, dass wir unsere Erregung schließlich durch ihn ausgedrückt finden! Selbst wenn sein Ausdruck gar nicht so meisterhaft ist, weil der Autor, bevor er zu einem solchen wurde, ein Seemann war, liefern wir uns ihm aus, weil sein Zeugnis die Kraft der Wahrheit besitzt …

Zudem war es uns ein Bedürfnis darzustellen, dass die Ozeane nicht nur den Seefahrtsschriftstellern gehören. Denn jedem, der das Meer mit einer gewissen Ernsthaftigkeit betrachtet, der seinen Blick auf die Wellen richtet, wird die See eine Menge mitteilen, lehren, offenbaren. Durch die Jahrhunderte haben die Poeten und Erzähler versucht, mit ihren Worten das schier unergründliche Mysterium zu erkunden – das Woher, das Wohin, und wie es zu so viel Widerwillen kommen kann –, und mit ihren Antworten so viele begeisternde Seiten gefüllt. Denn noch immer rühren die See, das Meer, die Ozeane uns alle in unserem tiefsten Inneren …

Der rote Faden dieser Sammlung ist unserem Anspruch geschuldet, den Leser zu überraschen, ihn anzuregen und zu bewegen. Und vor allem, seine Lust zu erwecken, die vielen zum Teil zu Unrecht in Vergessenheit geratenen Autoren zu lesen, wieder zu lesen oder vielleicht auch ganz neu zu entdecken …

Nathalie Couilloud

»Die See ist unendlich, und meine Träume sind wild.«

JEAN DE LA VILLE DE MIRMONT

Der Ruf der See

THOMAS LOVELL BEDDOES

Seemannslied, ca. 1840

Zur See! Zur See! Die Flaute schwand,
Die Springflut steigt, das Wasser tollt
Und knattert an den Kieselstrand.
Die Seekuh schnarcht, der Tümmler rollt,
Luftblasen steigen aus dem Tang,
Aus Nixenmündern Chorgesang.
Zur See, zur See! Die Flaute weicht,
Heb, Anker, dich, ihr Ruder, streicht!

Zur See, zur See! Die Barke fliegt
Und teilt die See mit Wogenschlag.
Ihr Schatten, der sich flüchtig biegt,
Zerstreut Poseidons blauen Tag
Nur wie der Falkenflügel fegt,
Der über Gemsenhöhen trägt.
Zur See! Die Flaute ist vorbei,
Das Segel schwillt, das Schiff schwebt frei!

HEINRICH HAUSER

Kampf mit Kap Hoorn, 1930

Montag: Kap Hoorn beträgt sich gegen uns sanft wie ein Lamm. Ich spürte beim Erwachen, dass wir immer noch mit achterlichem Wind steuerten. Dann hörte ich nebenan zwischen Wasserplatschen und Gurgeln den Kapitän das »Niederländische Dankgebet« singen und wusste: es steht alles gut.

Vormittags sahen wir Kap Hoorn. Es lag wie eine geballte Faust im Meer, ungefähr fünfzehn Meilen von uns entfernt. Es sah unheimlich und sehr drohend aus. Ich machte Aufnahmen und zwei Streifen Film. Der Kapitän sagte: »Wenn alle die Flüche, die gegen dieses Kap gerichtet wurden, davon widerhallten, da würde die Erde zittern.«

Kap Hoorn hat eine ganz merkwürdige Wirkung auf mich ausgeübt. Es macht mich traurig; die Luft ist hier so schwer und die Dünung so hoch.

Das Glas ist in sechzehn Stunden um zwanzig Millimeter gefallen. Bis Mittag wehte eine schwache Brise, dann wurde es ganz flau. Kap Hoorn lag achterlich.

Wir sind alle etwas nervös: die Luft ist sehr drohend, und das Barometer fällt wie toll immer weiter »bis in den Keller«, wie der Zweite es nennt.

Trotzdem blieb es merkwürdig flau bis zum Abend.

Der Funker erreichte einen Küstendampfer, der irgendwo an der anderen Seite von Kap Hoorn stand, und bat um Auskunft über Wetterlage und Barometerstand. Der Dampfer funkte zurück: er hätte kein Barometer an Bord. – Armer kleiner Dampfer!

Heute waren zwei Mann bei mir, ein Matrose und ein Junge, beide mit tief liegenden Furunkeln am Handgelenk und Knie, die ich schneiden musste. Der Junge hatte eine wahre Elefantenhaut. Der alte Segelmacher ist nicht recht zu Wege, er hat's im Magen: vierzig Jahre hat er gekrümmt gesessen und die Arbeit in den Bauch gestemmt. Er bekommt jetzt ein paar Eier, die unsere Hühner legen.

Dem Leichtmatrosen, der vom Fockstag stürzte, geht es gut. Er kam heute an und fragte ganz kühl, ob ich ihm nicht den Verband vom Kiefer abnehmen könnte – knapp acht Tage, nachdem er ihn gebrochen hat.

Jetzt, abends, fängt es an zu wehen: SSO. Das ist nicht ungünstig, wir können Kurs anliegen mit SW.

Nachts: Die gute Chance ist schnell genommen worden. Der Wind hat geschralt bis SSW, und das höchste, was wir dabei anliegen können, ist WSW. Das bringt uns Diego Ramirez rechts voraus. Diego Ramirez ist eine Insel, die sich westlich von Kap Hoorn den Schiffen mitten in den Weg stellt. Sie ist nicht befeuert. Der Kapitän bleibt die ganze Nacht an Deck, ist unruhig und nervös.

Dienstag, 25. März: Der Teufel hole Diego Ramirez!

Wir sahen es heute Nacht gegen drei Uhr voraus an Steuerbord: zwei düstere Felsenklumpen zwischen Regenböen über unruhiger See. Der Wind schralte immer weiter. – Wir kamen so nicht mehr vorbei. Wir mussten halsen. Ich stand dabei am Ruder, immer noch unsicher in der Kunst, nicht nach dem Kompass, sondern nach dem Wind zu steuern.

Fünf Stunden blieben wir auf dem anderen Bug. Dann wendeten wir und glaubten nun mit Sicherheit von dieser Insel klarzukommen. Aber wieder schralte der Wind, und gegen Mittag kam Diego Ramirez in Sicht: wieder direkt voraus, bloß noch ungünstiger als letzte Nacht, etwas an Backbord. Wir gingen nochmals auf den anderen Bug.

K. war den ganzen Tag bedrückt: »Fast hätten wir das Große Los gezogen, aber ›Pamir‹ hat kein Glück.«

Gegen Mittag kommt Wind aus NNO; wir können kursen mit SW z. W.

Die Fahrt nach Westen um Kap Hoorn herum kann man in vier Etappen einteilen. Die erste Etappe ist die Straße von Le Maire. – Die haben wir mit Glück gewonnen. Die zweite Etappe ist das Vorbeikommen an Diego Ramirez. Da ist jetzt unsere Position schon so, dass es gelingen muss. Der dritte und schwerste Abschnitt ist das Vordringen nach Westen bis zum achtzigsten Längengrad. Hier wird am schwersten gekämpft gegen die Weststürme und gegen den starken Strom, der die Schiffe nach Osten zurückversetzt. Die vierte Etappe ist die Aufgabe, sich aus der hohen Breite von neunundfünfzig bis zweiundsechzig Grad herunterzuarbeiten nach Norden bis zum fünfzigsten Grad.

Die schnellste Reise um Kap Hoorn, also von fünfzig zu fünfzig Grad, ist nach dem Segelhandbuch einmal in sieben Tagen zurückgelegt worden von einem Laeiszschen Segler. Der umgekehrte Weg, der im Allgemeinen leichter ist, einmal in sechs Tagen und zweiundzwanzig Stunden.

26. März: Windstille. Wir befinden uns, wie es scheint, in der Mitte einer Depression, die sich mit uns nach SW zu bewegt. Das Barometer steht sehr tief. An den Rändern der Depression muss es heftig wehen; wir spüren es an der Dünung.

Kap Hoorn äfft uns. Wir haben die Segel teilweise gerefft. Die Steuerleute stehen die ganzen Wachen hindurch sozusagen mit der Trillerpfeife am Mund, um schnell Segel bergen zu können, wenn der Sturm losbricht, der nach dem Barometerstand ja kommen muss. – Und es kommt nichts.

Der Kap-Hoorn-Himmel umschließt uns wie ein tiefes Grab. Da stehen riesige schwarze Wolkenwände, unglaublich drohend und schwer. Darüber stehen breite weiße Kanten, mit Überstrahlungsrändern durch die unsichtbare Sonne. Im Zenit aber ist der Himmel völlig weiß, ein Weiß von verschiedener Dichtigkeit, bald glanzlos milchig, bald wie flüssiges Eisen.

Hoch geht die Dünung. Es knackt und knarrt im Schiff. Auch »Pamir« ist nervös. – Und es ereignet sich nichts.

Die Nacht ist außerordentlich drohend. Die Sterne sehen schmierig aus.

Wir führen nur noch die Marssegel. Fock und Bagien gerefft. Wind ist aufgekommen und weht immer härter.

Bevor der Wind sich aufmachte, hat es stark geregnet.

Erst Regen, dann Wind,

Birg die Segel geschwind!

27. März: Wieder ist der Sturm nicht aufgekommen, gegen alle Regeln. Wir befinden uns allem Anschein nach noch immer in der windstillen Mitte der Depression. Wir sind auf dem einundsiebzigsten Längengrad. Es kommt alles darauf an, dass wir die Länge achtzig schnell erreichen.

FRANCISCO COLOANE

Der letzte Schiffsjunge der BAQUEDANO, 1941

Den Vormittag über durchlief er das vorgeschriebene Aufnahmeverfahren: Eintragung der Personalien in die Stammrolle, ärztliche Untersuchung, Haareschneiden, und schließlich führte man ihn in die Kleiderkammer, wo er den Arbeitsdrillich empfing, die blaue Ausgehuniform, Unterwäsche, Deckschlappen und Schuhe.

Als er mit der weißen Mütze auf dem Kopf wie ein richtiger Schiffsjunge aussah und an Deck vor seine Vorgesetzten trat, war er tief ergriffen. Sein großer Traum hatte sich erfüllt; nun war er Seemann, das Blut seines Vaters war dem Ozean zurückgegeben. Stolz sog er die salzige Luft in seine Brust, schaute auf den schnittigen Bug seines Schiffes, und da wurde ihm klar, dass er – nach seiner Mutter – nichts mehr liebte als diese ruhmreiche Korvette.

Das treue Schiff schien die Seele des Jungen zu verstehen, denn seine herrliche Galionsfigur bäumte sich dem fernen Horizont entgegen, und mit auflebender Kraft jagte es durch den schaumigen Wellengarten des Meeres. Auf hoher See war ihm auf seiner letzten Fahrt noch einmal ein Sohn geboren: Alejandro Silva, »der letzte Schiffsjunge der BAQUEDANO«, seinem Innern entstiegen wie dem dunklen Grund des Ozeans.

STÉPHANE MALLARMÉ

Seewind, 1887

Das Fleisch ist müde, ach! Die Bücher sind gelesen.
Entfliehn! Hinweg! Ich such der Vögel trunknes Wesen,
das zwischen fremdem Gischt und Himmelsbläue schwebt!
Nichts, auch der Garten nicht, der noch im Auge lebt,
hält dieses Herz zurück, das sich dem Meer zuwendet.
O Nächte! Nicht der Schein, den still die Lampe spendet
dem unbeschriebnen Blatt, das mir sein Weiß verwehrt,
auch nicht die junge Frau, die noch ihr Kind ernährt.
Ich werde reisen! Schiff, du wirst den Anker lichten
und mastenschaukelnd dann den Bug nach Süden richten!

Ein Schmerz, von Hoffnungen enttäuscht so grausam oft,
Ein letztes Lebewohl von Taschentüchern hofft!
Die Masten sind vielleicht, die schon den Wettern winken,
die gleichen, die im Sturm bald über Trümmer sinken,
ein Wrack, kein Mast, kein Mast, der grüne Inseln sieht …
doch höre, o mein Herz, hör der Matrosen Lied!

JEAN MERRIEN

Sie segelten allein, 1953

Aber warum tun sie es dann?

Vor allem, weil sie segeln wollen.

Der Segler ist ein bizarres Lebewesen, das sehr teuer – mit Geld und Sorgen – für das Vergnügen bezahlt, auf See zittern zu dürfen. Denn er zittert unaufhörlich um sein Schiff, um seine Mitsegler, um sich selbst. Um seine Ehre, die er verloren glaubt, wenn er ein Manöver verhaut oder wenn er nicht das Beste aus dem jeweiligen Wetter gemacht hat (der Sinn des Wortes »das Beste« ist durch ein geheimnisvolles und heiliges Evangelium festgelegt).

Freilich wird er zeitweilig mit Glück und Schönheit überschüttet. Oft empfindet er eine innerliche Reinheit, die vielleicht der kleine goldene Schlüssel zu seinem Paradies ist. Aber das alles wird unablässig getrübt (wenn er Kapitän ist) durch Sorgen, Vorsichtsmaßnahmen auf lange Sicht, die seine wichtigste Pflicht sind, das Sicheinstellen auf das Schlimmste, einen extremen Pessimismus, der sich Voraussicht nennt. Wenn Führen Voraussehen bedeutet, dann ist Segeln Voraussehen in reinster Form.

Alles das ist so sehr wahr, dass die Segler für ihre Passion keine normale Erklärung finden, keine Legitimation. Sie zucken die Schultern und sagen: »Ich habe eben eine Seewasserinjektion!« Sie halten ihr »Laster« für pathologisch. Sie sind morphioman und müssen ihre Dosis haben …

ROBERT LOUIS STEVENSON

Die Schatzinsel, 1883

Obwohl ich mein ganzes Leben an der Küste zugebracht hatte, kam es mir vor, als sei ich bisher dem Meer noch nie so nah gewesen. Der Geruch von Teer und Salz war etwas Neues. Ich sah die wundervollsten Galionsfiguren, die alle fern über den Ozeanen gewesen waren. Ich sah auch viele alte Seeleute mit Ringen in den Ohren, in Locken gedrehten Backenbärten, teerigen Zöpfen und ihrem wiegenden, schwerfälligen Matrosengang; und hätte ich ebenso viele Könige oder Erzbischöfe gesehen, ich könnte nicht entzückter gewesen sein.

Und ich ging selber zur See; zur See in einem Schoner, mit einem pfeifenden Bootsmann und bezopften, singenden Seeleuten; zur See, unterwegs nach einer unbekannten Insel, um nach vergrabenen Schätzen zu suchen!

MARCEL PAGNOL

Marius, 1929

Fanny: Marius, ich flehe dich an, fahr später einmal, auf einem anderen Schiff. Aber ich kann ja reden, was ich will, du liebst mich ja nicht.

Marius: Doch, Fanny, doch, sonst wäre ich schon lange fort. Aber jetzt geht's nicht mehr anders, ich fühle, dass ich fort muss.

Fanny: Ich kann das nicht begreifen.

Marius: Weißt du, Fanny, wenn ich draußen stehe und seh' nach dem Horizont, dann ist's mir immer, als wär ich schon gar nicht mehr hier. Jedes Schiff, das davonfährt, zieht mich hinter sich her wie mit Tauen. Die Brust wird mir eng. Ich kann nicht mehr atmen (…)

Das lässt mich nicht los. Einmal nachts bin ich aufgestanden, hab meine Sachen gepackt und bin hinübergerannt zur Mole, als wär dort ein Schiff, das auf mich wartet. Ich weiß selber nicht, wie das über mich gekommen ist.

»Es gibt keine beklagenswertere und elendiger in der Welt stehende Kreatur als ein Landmensch am Beginn seiner Karriere als Seemann.«

RICHARD HENRY DANA

Erste Schläge

WILLIAM GOLDING

Äquatortaufe, 1980

Das Tageslicht war so gut wie ganz verdämmert, aber ich wurde für meine Nachtwache entschädigt durch den Anblick eben des Elends, dem ich selbst gerade entronnen war. Da tauchte aus unserer Lobby im Wind und Regen des Mitteldecks ein Pastor auf! Ich nahm an, dass es derselbe Mann war, der für unser erstes Abendessen um Gottes Segen zu beten versuchte und nur von dem Allmächtigen gehört wurde. Er trug Kniehosen, dazu einen langen Rock und Bänder, die im Sturm an seinen Hals schlugen wie ein gefangener Vogel ans Fenster! Er presste seinen Hut und seine Perücke mit beiden Händen fest an den Schädel und torkelte erst in die eine, dann in die andere Richtung wie eine betrunkene Krabbe (…)

Wie jeder, der an ein schräges Deck noch nicht gewöhnt ist, drehte sich der Pastor nun um und versuchte nach oben zu klettern statt lieber nach unten. Ich sah ihm an, dass er im Begriff war, sich zu übergeben, denn seine Gesichtsfarbe zeigte die Mischung von Blässe und Grün eines schimmligen Käses. Bevor ich ihm noch eine Warnung zurufen konnte, erbrach er sich wirklich, dann glitt er zu Boden. Er fiel auf die Knie – und das sicher nicht, um zu beten! – und stand gerade in dem Augenblick auf, als ein neues Aufbäumen des Schiffes seiner Bewegung einen zusätzlichen Schwung verlieh. Die Folge war, dass er, halb rennend, halb fliegend, das Deck herunterkam, und viel fehlte nicht, dass er glatt durch die Backbord-Webeleinen über Bord gegangen wäre, hätte ich ihn nicht am Kragen gepackt (…)

Ich verfluchte den Pastor, weil er mein Ölzeug besudelt hatte, aber da kam eine neue Welle mit einem kräftigen Guss von Regen und Meerwasser und wusch mich von ihm rein. Obwohl mir das Gesicht vom Anprall des Wassers brannte, war ich aus irgendeinem Grund plötzlich guter Laune. Was bedeuten Philosophie und Religion, wenn der Sturm bläst und die See hochgeht?

RICHARD HENRY DANA

Zwei Jahre vor'm Mast, 1840

Meine Wache begann nachts 11 Uhr. Der Kapitän wollte geweckt werden, wenn der Wind nach Westen herumging. Gegen Mitternacht wurde der Wind günstig. Ich machte dem Kapitän Meldung und ging dann nach vorn, um die Mannschaft zu wecken. Wie ich das gemacht habe, weiß ich heute nicht mehr. Aber sicher tat ich es nicht auf die echte raue Seemannsart: »A-all ha-aa-nds! up anchor, a-ho-oy!« (Alle Mann auf! Klar zum Ankerlichten!). In kurzer Zeit kam alles in Bewegung. Die Segel wurden losgemacht, die Rahen angebrasst, und der Anker wurde aufgehievt. Er war unser letzter Halt auf Yankeeboden.
Ich konnte mich nur wenig an diesen Vorbereitungen beteiligen. Meine geringen Schiffskenntnisse versagten ganz und gar. Unverständliche Befehle wurde rasch hintereinander gegeben und sofort ausgeführt. Es entstand ein wildes Durcheinander. Dazu diese merkwürdigen Rufe und Handlungen! Ich war vollständig verwirrt. Es gibt doch in der Welt kein bemitleidenswerteres Geschöpf als den Neuling, der das Seemannsleben anfängt. Endlich zeigte jenes eigenartige Aussingen der Matrosen an, dass der Anker mit dem Spill aufgehievt wurde. In wenigen Minuten waren wir in Fahrt. Das Rauschen des vom Bug aufgeworfenen Wassers klang an mein Ohr. Das Schiff legte sich unter der feuchten Nachtbrise über und rollte in der langen Dünung. Wir hatten unsere lange, lange Reise begonnen.

HOMER

Odyssee, Fünfter Gesang, 8. Jhdt. v. Chr.

Der aber fällte sich Stämme, und rasch war die Arbeit vollendet.
Insgesamt zwanzig schlug er heraus mit Hieben der Erzaxt,
Glättete sie dann kundig und machte sie grad nach der Richtschnur.
Bohrer brachte inzwischen die hehre Göttin Kalypso,
Und er durchbohrte sie alle und passte sie dann aneinander
Und verband sie zum Floß mit Pflöcken und haltenden Klammern.
Ganz so wie ein Mann, der in Zimmermannskünsten bewandert,
Sich den Boden bemisst eines breiten, gerundeten Lastschiffs,
Solcher Breite machte sich auch sein Floß der Odysseus.
Pfosten errichtend und sie mit häufigen Streben verbindend,
Schuf er ein Deck, das er oben mit langen Balken belegte.
Dahinein setzt' er den Mast, mit der Rahe an ihm befestigt,
Machte zudem ein Steuer, damit der zu lenken vermöchte.
Und er umzäumte das Floß ringsum mit Weidengeflechten,
Schutzwehr gegen die Woge, und schüttete drüber viel Laubwerk.
Tücher brachte inzwischen die hehre Nymphe Kalypso,
Segel daraus zu machen, und fachgerecht schuf er auch diese.
Daran schnürte er fest die Brassen und Taue und Schoten,
Und auf Bohlen zog er das Floß in die heilige Salzflut.
Aber am vierten Tage, da war ihm alles vollendet.
Doch am fünften entließ ihn die hehre Kalypso vom Eiland,
Hüllt' ihn in duftende Kleider, nachdem sie zuvor ihn gebadet.
Und einen Schlauch voll schwarzen Weines stellte die Göttin
Vor ihn hin, einen anderen großen voll Wasser, und Speisen
In einem Korb und viel Verlangen stillende Zukost (…)

Redburn. Seine erste Reise, 1849

Als ich so dastand und um mich sah, kam der Obermaat wegen irgend etwas in großer Eile an, und als er sah, dass ich ihm im Wege stand, schrie er: »An Land mit dir, du Bummler! Hier gibt's nichts zu klauen! Dreh ab, sage ich dir, mit deiner Jagdjoppe!«

Darauf zog ich mich zurück und erwiderte, ich führe auf dem Schiff als Matrose zur See.

»Als Matrose?«, rief er. »Als Barbierlehrling, meinst du wohl? Du fährst auf diesem Schiff? Was? In dieser Jacke? Der Teufel soll dich holen! Ich hoffe, der Alte hat nicht noch mehr solcher Gelbschnäbel wie dich angeheuert – sonst wird er noch schließlich einen Schiffbruch bauen! Aber so geht das heutzutage. Um ein paar Dollar Heuer zu sparen, machen sie sich nichts draus, einen Haufen Bauern, Stoppelhopser und Hosenschisser anzuheuern. Wie heißt du denn, du Würstchen?«

»Redburn«, antwortete ich.

»Ein feiner Name für einen Mann ist das. Verbrenn dir bloß nicht die Pfoten dran. 'nen anderen hast du wohl nicht?«

»Wellingborough«, erwiderte ich.

»Noch schlimmer! Wer hat dich denn so getauft? Warum heißt du denn nicht Jack oder Jill oder sonst wie kurz und bündig? Aber ich werde dich umtaufen. Hörst du, Mann, von jetzt an heißt du Knopp! Und jetzt gehst du, Knopp, und machst den Schweinekoben im Langboot klar. Der ist seit der letzten Fahrt noch nicht wieder klargemacht. Und ein bisschen hoppla, hörst du? Da sind schon wieder Schweine, die drauf warten reinzukommen. Also jetzt los damit.«

Sollte ich so meine Seemannskarriere beginnen? Einen Schweinekoben klarmachen, das erste, was ich tat?

ERIC NEWBY

Hölle vor dem Mast, 1956

Zwischen sechs Uhr und Mitternacht wendeten wir wohl dreimal. Jedenfalls glaubte ich das. Es war ja stockdunkel, und ich hatte keine Ahnung, welchen Kurs wir steuerten. Der Befehl zum Wenden lautete »Stagvända«, was so viel hieß, dass das Schiff durch den Wind auf den anderen Bug gelegt werden musste. Das war nachts und mit einer unbefahrenen Crew eine vertrackte Sache (…)

In dieser ersten Nacht war es Kroner und mir herzlich gleichgültig, ob wir wendeten oder halsten, denn wir beide verstanden doch keinen Befehl. Obwohl Kroner schon unter Segeln gefahren war, mussten unsere Empfindungen sehr ähnlich gewesen sein. Leinen wurden mir in die Hand gedrückt, und ich holte sie durch. Nicht eben sanft wurde ich an die Brasswinschen geschubst und drehte fast unablässig irgendwelche Kurbeln. Dann kam das Durchsetzen der hanfenen Brassen, und bald war an meinen gut gepflegten Händen kaum noch heile Haut. In der Vorhand stand Janssons unmittelbarer Vorgesetzter, der Erste Maschinist, ein wüst aussehender Geselle mit einer Schiebermütze auf dem Kopf. »Duhnkie« ermunterte die sechs oder sieben Mann, die hinter ihm standen, mit den verwunderlichsten Lauten: »Hoa wee … uuh … Han oa Han … Iii-ah … kurm up.« Wir Neulinge versuchten, es ihm gleichzutun. Anfangs kam ich mir wirklich wie ein Esel vor, wenn ich mit größter Lungenkraft »Iii-ah« brüllte. Bald aber machte es mir nur noch Spaß.

»Uuuh … Iii-ah … uuuh … Iii-ah!« gröhlte Duhnkie wie ein richtiger Esel, dem himmelangst ist. Und »Iii-ah« echoten wir begeistert. Nun aber mussten die Brassen belegt werden. Zu diesem Zweck sagte unser Vorhandsmann im Plauderton »Slack oop«. Alle außer mir ließen darauf die Leine los, als sei sie glühend heiß. Duhnkie gab ihr einen gewaltigen Ruck, worauf ich in hohem Bogen in den Wassergang flog und mit dem Kopf gegen eine harte Schütte aus Eichenholz schlug.

»Zum Teufel«, schimpfte Duhnkie, »aufkommen hab ich gesagt.«

ÉRIK ORSENNA

Lob des Golfstroms, 2005

Es ist Zufall, aber seit meiner Kindheit habe ich ein inniges Verhältnis zu den Meeresströmungen. Ich liebe diese im Wasser verborgenen Flüsse. Liebe es, mich von ihnen einfangen und treiben zu lassen, wie damals in den Ferien: Plötzlich birgt dich eine starke Hand und du brauchst dich nur noch tragen zu lassen.

Genauso gerne segle ich aber auch gegen die Flut, kreuze Stunde um Stunde, gewinne Meter um Meter, egal, ob es Nacht wird, Motorhilfe kommt nicht infrage: Greift ein Torero etwa zur Maschinenpistole? Ich liebe diese kleinen Verbündeten, die man dabei entdeckt, die Gegenströmungen. Sie haben so verspielte Formen, bilden Wirbel, drehen Spiralen. Jede von ihnen ein kleiner Troll, ein Irrwisch. Sie rufen nach dir, soll man antworten? Locken sie dich nicht vielleicht in eine Falle mit ihrer Liebenswürdigkeit? Sie treiben sich immer in Küstennähe herum, fast zu nahe bei der Küste. Ob man nicht auf Grund läuft, es achtern plötzlich kracht, weil man einen Felsbrocken gerammt hat? Wenn man nicht gar kentert, weil man ihm zu nahe kam (…)

Ich erinnere mich noch genau an den Tag, als mein Vater mir die Abdrift erklärte. Dieser Vater, der mir jahrelang vor dem Einschlafen Geschichten von einem Hochseeschlepper erzählte. Ich dürfte sieben oder acht Jahre alt gewesen sein. Wir schipperten dahin. Plötzlich – ein Vertrauensbeweis – übergab er mir das Ruder. »Und jetzt steuerst du uns in die Bucht.« Schnurgerade peilte ich sie an, zwischen den beiden Bojen, der grünen und der roten, hindurch. Natürlich verpasste ich die Fahrrinne: Unsere liebe Kerpont-Strömung hatte uns zu den Felsen hin davongetragen, gut eine Viertelmeile gen Norden. Seitdem – das werden Sie verstehen – traue ich der geraden Linie nicht mehr.

Wenn ich es recht bedenke, hat mich der Umgang mit Strömungen Verzicht, Hartnäckigkeit, aber auch so manche List gelehrt. Höchste Zeit, mich für diese Großzügigkeit zu bedanken.

JACK LONDON

Die Fahrt der SNARK, 1911

Jeder normal begabte Mensch mit gewöhnlicher Schulbildung und etwas Lernfähigkeit kann sich in die Bücher und Karten vertiefen und ohne Hilfe erlernen, wie man navigiert. Damit man mich nicht falsch versteht: Das hat nichts mit guter Seemannschaft zu tun, die erlernt man weder an einem, noch an mehreren Tagen. Das braucht Jahre um Jahre.

ÉDOUARD PEISSON

Der Seemann, 1943

Einen jungen Mann, der zum ersten Mal an Bord geht, sieht man umherirren, er wirkt verloren und ratlos wie ein aufgetakeltes Schiff ohne einen Steuermann, der Kurs hält. Wenn er ahnte, dass er jeden Tag auf See dazulernen würde und dennoch am Ende, wenn er an Land zurückkehrt, noch immer nicht alles wüsste – er würde wohl aufgeben. Ist er aber ein starker Mann, und beginnt er klarer zu sehen und die See nicht mehr als nur mehr eine enorme Menge an Wasser zu betrachten, beginnt er also, in den Bewegungen dieser Masse einen Sinn zu entdecken und die Zeichen des Himmels und der Winde zu enträtseln, dann wird es ihm nicht mehr möglich sein, dem Leben auf See abzuschwören. Zunächst ist es fast ein Spiel, doch dann machen ihn die See und das Schiff zu ihrem Sklaven. Am Ende ist es so weit, dass er meint, das Schiff und die See zu beherrschen und ihr Gebieter zu sein. Doch das Meer lässt sich nicht besitzen, vielmehr ist es die See, welche die Menschen in Besitz nimmt.

CECIL SCOTT FORESTER

Fähnrich Hornblower, 1950

Der Schiffsjunge verschwand und ließ Hornblower allein zurück. Es verstrichen mehrere Sekunden, ehe der Mann mit dem Backenbart, der am Kopf des Tisches saß, von ihm Notiz nahm.

»Bist du ein ehrliches Gespenst, so sprich«, sagte er endlich. Hornblower fühlte, wie ihn plötzlich ein Anfall von Übelkeit überkam – er litt immer noch unter der Nachwirkung der Bootsfahrt, und darum setzten ihm die Stickluft und der Gestank im Zwischendeck besonders zu. Es fiel ihm also an sich schon schwer zu sprechen; am ärgsten aber war, dass er überhaupt keine Ahnung hatte, wie er sich diesen Leuten gegenüber benehmen sollte.

»Mein Name ist Hornblower«, brachte er schließlich stammelnd hervor.

»Da hast du aber lausiges Pech gehabt«, meinte ein anderer aus der Runde ohne jede Spur von Mitgefühl.

In diesem Augenblick schoss der heulende Sturm, der draußen herrschte, ganz plötzlich um mehrere Striche aus, sodass sich die schwere JUSTINIAN ein wenig auf die Seite legte, ehe sie in die neue Richtung schwojte und wieder einmal heftig in die Ankertrossen ruckte. Für Hornblower war das ein Gefühl, als ob sich die Welt aus den Angeln höbe. Alles schien sich um ihn zu drehen, und zugleich spürte er, wie ihm der Schweiß auf die Stirne trat, obwohl er am ganzen Leib vor Kälte zitterte.

»Ich habe den Eindruck«, sagte der Bärtige am Kopf des Tisches, »dass Sie an Bord dieses Schiffes gekommen sind, um sich Ihren seebefahrenen Kameraden aufzudrängen. Wir hätten also wieder einmal so einen begriffsstutzigen, ahnungslosen Zeitgenossen unter uns, der uns das Leben schwer macht, weil wir ihm mühsam beibringen müssen, was er zu tun und zu lassen hat. Schaut euch den Kerl nur einmal an …«, der Sprecher wies mit einer Geste auf Hornblower, und alle Anwesenden sahen sich nach ihm um. »Ja, seht ihn euch an! Mit dem ist der König wieder einmal verdammt schlecht bedient … Wie alt sind Sie eigentlich?«

»Sie-Siebzehn, Sir«, stammelte Hornblower.

»Was, schon siebzehn Jahre?« Der Ton des Sprechers verriet nur zu deutlich, wie er darüber dachte. »Bilden Sie sich nur ja nicht ein, dass da noch ein richtiger Seemann aus Ihnen wird. Dazu hätten Sie mit zwölf anfangen müssen. Können Sie überhaupt ein Fall von einer Schot unterscheiden?«
Jetzt lachte die ganze Gesellschaft, und wenn es auch in Hornblowers Kopf wild durcheinander ging, konnte er doch am Klang des Gelächters erkennen, dass er sich in ihren Augen noch lächerlicher machen würde, mochte er nun mit Ja oder Nein erwidern. Er suchte daher krampfhaft nach einer neutralen Antwort und sagte: »Es wird das erste sein, was ich in Nories ›Handbuch der Seemannschaft‹ nachschlagen werde.«
In diesem Augenblick holte das Schiff von neuem über, sodass Hornblower nach der Tischkante greifen musste, um sein Gleichgewicht zu halten.
»Meine Herren«, begann er feierlich, ohne noch recht zu wissen, wie er sich dieser Gesellschaft verständlich machen sollte.
»Ach du großer Gott«, rief da einer aus der Tafelrunde, »der Mensch ist ja seekrank!«

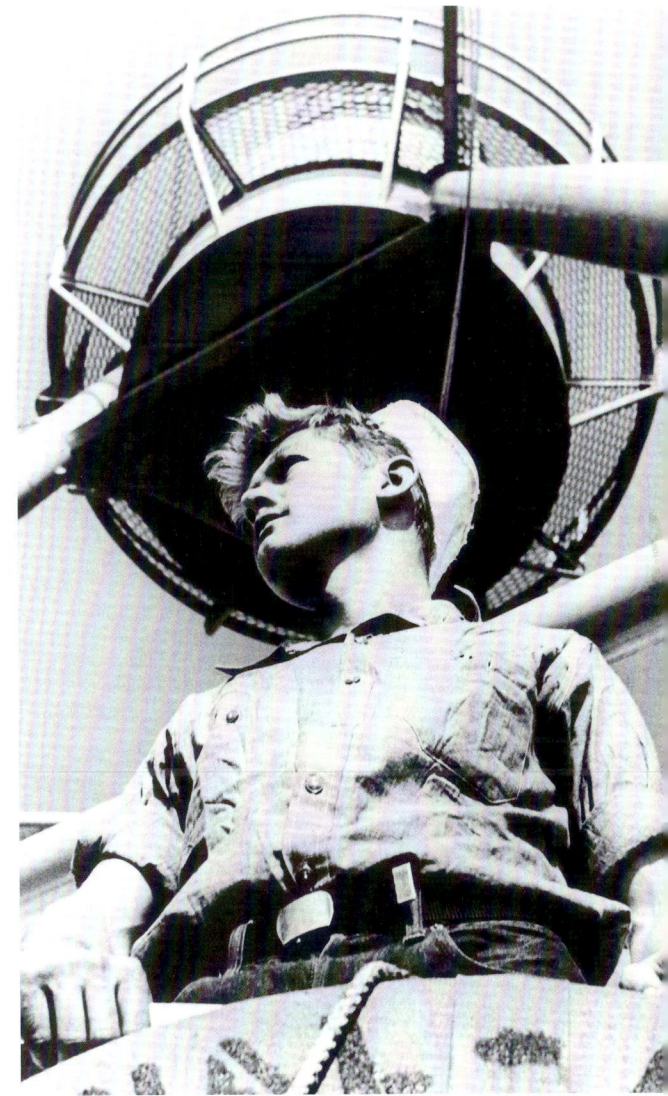

OLIVIER DE KERSAUSON

Erinnerungen eines Salznackens, 1985

An Bord zu gehen, auf ein Segelboot, eine Jolle, einen Walfänger, ein Fischerboot – das ist so normal, wie in einem Bett zu schlafen, wenn man an Land ist. Allein der Gedanke, dies zu hinterfragen, wäre absurd, ja, er wäre ebenso merkwürdig wie die Frage nach dem Zeitpunkt, an dem einem zum ersten Mal bewusst wurde, dass man in einem Haus lebt.

Segeln ist einfach eine Selbstverständlichkeit. Es beginnt mit dem Moment, da der kleine, zukünftige Seebär das Alter erreicht hat, in dem ihn seine Angehörigen ein wenig loslassen können. Wenn er also zehn ist, manchmal auch ein bisschen früher. Es folgen wunderbare Sommer, in denen noch kein möglicher Konflikt zwischen der Bestimmung des Segelns und den Aufgaben eines Erdenbewohners besteht. In dieser Phase des Übergangs übte das Meer auf mich eine weit größere Faszination aus als es die Schiffe getan haben. Diese waren allein dafür gemacht, dass ich mich auf See bewegen konnte.

Ich bin mit den seltsamsten Booten unterwegs gewesen, mit flachem Unterwasserschiff und mit Schwert oder ohne, mit Knickspantern mit und ohne Schwert, mit Vauriens, mit Walfangbooten und auch mit zu Yachten umgebauten Fischkuttern. An alle diese Schiffe dieser bunt zusammengewürfelten Flotte habe ich nur beste Erinnerungen, auch wenn ich mich heute gemeinerweise über sie lustig mache.

Selbst an Bord dieser verteufelten Dingis von La Trinité stellten wir uns vor, wir trügen eine Kapitänsmütze. Und komme was da wolle, fanden wir uns an der Pinne so eines roten Bötchens wieder, das mit drei Kindern schon völlig überladen war, versuchten zu kreuzen, ohne wirklich voranzukommen, verloren immer wieder das Schwert. Unter technischen Gesichtspunkten war es ein Segeln wie in der Steinzeit, für uns aber das absolute Vergnügen.

JOSEPH CONRAD

Über mich selbst, 1912

Den Tag auf dem Salzwasser verbrachte ich auf Einladung in einem geräumigen, halb gedeckten Lotsenboot, das in diesigem Wetter bei aufbrisendem Wind mit gerefften Segeln kreuzend darauf wartete, dass ein Segel oder die Rauchfahne eines Dampfers hinter dem schlanken, hohen Leuchtturm von Planier erscheine, der die Linie des windumtosten Horizontes wie mit einem weißen, senkrecht geführten Stoß durchbrach. Sie waren gastfreundliche Seelen, diese stämmigen provenzalischen Seeleute. Unter dem Etikett *le petit ami de Baptistin* machte mich die Lotsenkorporation zu ihrem Gast und erlaubte mir, mich bei Tag oder Nacht nach Belieben in ihren Booten aufzuhalten. Viele Tage und auch Nächte verbrachte ich unterwegs mit diesen rauen, gutartigen Männern, unter deren Anleitung mein Vertrautsein mit der See begann. Manche Nacht wurde »dem kleinen Freund von Baptistin« der Kapuzenmantel des Mittelmeermatrosen von ihren ehrlichen Händen über den Kopf gezogen, während wir, nach den Lichtern von Schiffen Ausschau haltend, in Lee des Château d'If kreuzten. Ihre seegebräunten Gesichter, bärtig oder glatt rasiert, hager oder fleischig, mit den scharf blickenden, umrunzelten Meeraugen des Lotsen, manch einer mit dem schmalen Goldring im beharrten Ohrlappen, behüteten meine Seekindheit.

»Das Segeln füllt unser Leben vollkommen aus.
Hauptsache, wir waren auf See.«

ANNIE VAN DE WIELE

Das Leben auf See

ANNIE VAN DE WIELE

Penelope auf Reisen, 1954

Es war ein verrücktes Leben, voll von zauberhaften Reizen. So wie es eben ist, wenn man an Bord lebt – man hat keinen festen Platz in der Gesellschaft und macht immer neue Bekanntschaften. Aber eines weiß ich genau: Die Leute, die wir kennenlernten, ob nun reich oder arm, waren niemals mittelmäßig. Und Standesdünkel, der fand bei uns keinen Platz, der verkümmerte unter Deck. (…)

Wir liebten die langen Überreisen, während derer das Leben an Land in Vergessenheit geriet. Auf See ist Geld ohne Belang, so wie auch alle Moden des Lebens an Land. Wir hätten immer weiter segeln können, die Bewegungen des Schiffes bestimmten unser Bewusstsein, wir wollten überhaupt nirgendwo ankommen; das dauerte solange, bis all unsere Lebensmittel aufgegessen und das Wasser ausgetrunken war, und es nötig wurde, an Land zurückzukehren. Wenn wir uns nach Wind sehnten, so nicht, um möglichst schnell an ein Ziel zu gelangen. Sondern weil ein Segelboot ohne Wind eine traurige Seele ist, und weil es kein schöneres Gefühl gibt, als in rauschender Fahrt über die Wellen zu gleiten und zu spüren, dass sich das Schiff wohl fühlt wie ein glücklicher kleiner Tümmler.

BERNARD MOITESSIER

Der verschenkte Sieg, 1971

Ich gebe auf … mein Gefühl sagt mir, dass es klug wäre. Seit einer Woche ist meine Stimmung auf dem Hund. Körperlich bin ich ganz herunter. Mein Appetit hat nachgelassen. Die Erschöpfungszustände, die sich in den hohen Breiten und bei der Fahrt um Kap Hoorn mehrten, sind in Wirklichkeit noch nicht überwunden.

Bei dem kleinen Sturm vor drei Tagen war ich die ganze Zeit auf Deck, um möglichst viel Regenwasser aufzufangen. Das hatte mich viel Kraft gekostet. Dabei war es nur ein sehr mäßiger Sturm, mit nicht mehr als 8 Windstärken von achtern. Trotzdem fühlten sich meine Beine an wie aus Watte (…)

Und dabei weiß ich noch gar nicht, ob ich wirklich nach Tahiti will, wenn ich erst einmal den Pazifik erreicht habe. Vielleicht segele ich instinktiv weiter bis zu den Galapagos, zu den Seehunden und Pinguinen. Aber dort besäße ich dann nicht einmal einen Topf Farbe, um meinem Schiff die notwendigste Pflege angedeihen zu lassen, kein zuverlässiges Ankergeschirr, da ich doch die Rolle mit 20-mm-Nylontrosse schon über Bord warf, als ich das Kap der Guten Hoffnung zum ersten Mal rundete. Kein Beiboot, um an Land zu gehen, kein Material, um mit Bordmitteln ein neues zu bauen. Und keine Möglichkeit, mich dort unten, am Ende der Welt, neu zu verproviantieren.

Übergroße Anstrengung für mich, Unruhe, Angst und Kummer für meine Familie und meine Freunde, der dringende Wunsch, meine Mutter wieder zu sehen, die Pflege der JOSHUA … es bleibt nichts anderes übrig, ich muss den Kurs nach Norden, nach Europa richten. Dort könnte ich mit einer frisch überholten, mit Ankern, Tauwerk, Material und Proviant neu ausgerüsteten JOSHUA alle Vorbereitungen für eine andere Reise zu den Galapagos und den Südseeinseln treffen.

JEAN-BAPTISTE LABAT

Pater Labats Sklavenbericht, 1707

Anfangs wurden uns in fünf Schüsseln die Früchte aufgetragen. In der mittleren lagen trocken eingemachte Früchte, darunter auch gewisse ganze Pomeranzen, die mit einer vortrefflichen braunen Marmelade gefüllt waren, bestehend aus verschiedenen Arten von Früchten, mit Muskat und Ambra vermengt. Auf den übrigen Schüsseln lagen Bananen, Feigen, Aprikosen und andere Früchte des Landes, sowie süße Orangen, die wir besonders hoch schätzten, während bei uns auf den Inseln nur die aus China geachtet werden. Der Schiffsprediger legte von diesen Früchten einige auf zwei Teller, die man dem Gouverneur brachte. Auf die gleiche Art überreichte er mir und danach der ganzen Gesellschaft von diesen Früchten. Daraufhin wurden diese Schüsseln wieder abgetragen und eine große mit schweinernen Braten- und Fleischwürsten an ihren Platz gesetzt. Dies befremdete mich etwas, da wir den Sonnabend vor Ostern hatten. Als das der Schiffsprediger gewahr wurde, sagte er, man müsse auf der See leben wie man könne, und überdies hätten sie ja die Kreuzbulle, die ihnen diese Freiheit erlaube und deren ich jetzt zugleich mit ihnen teilhaftig werden sollte. Nun bin ich von einer sehr verträglichen Gemütsart und speiste also mit größtem Appetit, was er mir vorgesetzt hatte. Er gab mir noch von allen Schüsseln, die nacheinander auf die Tafel kamen; denn es wurden niemals zwei Schüsseln zugleich aufgesetzt. Es folgte eine, in der drei Stücke von großem, gekochtem Federvieh lagen, dann kam ein Ragout von Schweinefleisch, stark mit Safran gewürzt, alsdann eine Schüssel mit Schweinebraten, dieser folgte eine andere mit gebratenen Holztauben und jungen Hühnern, und zuletzt wurde endlich eine Schüssel mit gekochten Patates gebracht, die in einer so dicken Brühe schwammen, dass sie für eine durchpassierte Erbenssuppe hätte gelten können. Als alle diese Gerichte vorbei waren, brachte man die Schokolade.

ALAIN GERBAULT

Abenteuer Atlantik, 1929

Während nun mein Schiff von der See hin- und hergerüttelt wurde, hatte ich sonderbare Träume. Manchmal spielten sie sich an Land ab, aber die fixe Idee, der Gedanke an das Endziel, das ich mir vorgenommen hatte, verfolgte mich immer, sodass ich auch im Schlaf dachte: »Da du an Land bist, hast du gar nicht den Atlantischen Ozean überquert. Du bist überhaupt nicht abgereist!« Dann wurde der Traum zu einem Alptraum. In kaltem Schweiß gebadet wachte ich auf, um mit Freuden festzustellen, dass ich an Bord der FIRECREST war. Dann warf ich rasch einen Blick auf Deck, um mich zu vergewissern, dass alles in Ordnung sei und schlief wieder ein in dem angenehmen Bewusstsein, dass mein Schiff sich immer mehr seinem Endziel näherte. Häufig versuchte ich tagsüber auszuruhen, da am Abend oft eine Brise aufkam, und ich die Nacht am Ruder verbringen musste. Es war zwar schwer, der Schlaflust zu widerstehen, aber gelangweilt habe ich mich nie während dieser langen Stunden der Nachtwachen.

Sanft glitt die FIRECREST dahin und ihr Kielwasser phosphoreszierte. Ich steuerte meinen Kurs nach einem Stern. Allein auf der großen See, betrachtete ich den Himmel, die leuchtenden Himmelskörper, und stellte über die Schwäche des Menschen sowie über die Armseligkeit der philosophischen Systeme meine Betrachtungen an (…)

Aber da sich seit Jahrhunderten die Menschen daran gewöhnt haben, als Sklaven der Zivilisation zu leben, so würde ich wenigstens nicht gezwungen sein, dasselbe konventionelle und kriecherische Leben zu führen. Herr meines Schiffes, würde ich die Welt umsegeln, trunken von Licht, Raum und Seeluft, das einfache Leben des Matrosen führen und meinen Körper, der nicht dazu geschaffen ist, eingeschlossen in den Häusern der Menschen zu leben, in der Sonne baden.

BLAISE CENDRARS

Auf allen Meeren, 1948

Die Sonne war ins Meer geplumpst. Das Meer war grün und inkarnat. Der Himmelsstreifen im Westen strahlte diamanten, und das Blau der Himmelskuppel wurde zusehends dunkler, ja fast schwarz.

Die Nacht stieg vom dunstigen Festland auf. Wir umsegelten Kap Miseno und fuhren aus dem Golf hinaus. Papadakis, der am Steuer stand, riss entschlossen das Ruder herum. Wir fuhren missweisend Nord. Es weht eine frische Brise. Der Junge trimmte den Jager am Bug und am Heck, und ich das Piekfall. Der verflixte Samos war wirklich ausgezeichnet. Ich fühlte mich wohl. Ich war in Form. Wir fuhren, ohne Laterne, mit geblähten Segeln eroberungslustig durch die Nacht. Die ersten Sterne funkelten, und der Vordersteven plauderte, summte, durchschnitt die Wellen.

Die Dünung war mit Schaumkämmen bedeckt.

Ich fühlte mich frei.

Glück auf!

BJÖRN LARSSON

Kap Zorn, 2000

»Ist ein Leben an Bord nicht gefährlich?«

»Inwiefern?«

»Na, für die Beziehung.«

Zu diesem kurzen Wortwechsel kam es mit jemandem, dem ich erzählt hatte, dass Helle und ich das ganze Jahr über, Tag und Nacht, bei Wind und Wetter auf der RUSTICA wohnen.

Später habe ich solche Reaktionen noch oft erlebt. Viele haben mir unaufgefordert und im Brustton der Überzeugung versichert, sie würden niemals, zumindest nicht ohne den Verstand zu verlieren, auf so engem Raum mit einem Menschen zusammenleben können, schon gar nicht mit ihrer besseren Hälfte.

Warum, könnte man sich fragen, ziehen eigentlich nicht mehr Leute eine Zeit lang auf ein Boot? Sie würden rasch herausfinden, ob es eine gute Idee war, sich zusammenzutun. Stärken und Schwächen von Bekanntschaften, Freundschaften und Beziehungen kämen jedenfalls zutage. Gemeinsam zu segeln, schweißt Menschen entweder zusammen oder treibt sie auseinander. Dazwischen gibt es nichts, wenn man ehrlich ist.

Es gibt unzählige Geschichten von guten Freunden, die nach der Ankunft auf den Kanarischen oder Karibischen Inseln ihr Boot verkauften und für immer getrennte Wege gingen. Zahlreiche Anekdoten berichten von gescheiterten Beziehungen und zerbrochenen Freundschaften. Ich selbst weiß von zwei Männern, die miteinander ins Mittelmeer segeln wollten. Es endete damit, dass einer dem anderen auf die Fresse haute.

In diesem Licht betrachtet, kann sich ein Anhänger zivilisierter Umgangsformen natürlich fragen: Ist es das Risiko wert? Diese Frage muss jeder selbst beantworten. Für mich liegt die Antwort auf der Hand: Was ist eine Freundschaft oder Beziehung wert, wenn sie keine Nähe und Stille verträgt?

LOUIS-FERDINAND CÉLINE

Reise ans Ende der Nacht, 1932

Endlich ging in Sichtweite von Fort-Gono der kleine Frachter vor Anker, der mich an der Küste entlang bis in die Nähe meines Postens bringen sollte. PAPAOUTAH, so hieß er. Ein kurzes, völlig flaches Schiff, für Flussmündungen gebaut. Befeuert wurde die PAPAOUTAH mit Holz. Mir, dem einzigen Weißen an Bord, wurde ein Eckchen zwischen Küche und Klo zugestanden. Wir bewegten uns so langsam übers Meer, dass ich erst dachte, es handele sich um das vorsichtige Tempo beim Ablegen. Aber wir wurden nie schneller. Diese PAPAOUTAH war unglaublich lahm. Gemächlich schlichen wir in Sichtweite der Küste dahin, ein endloses graues, mit winzigen Bäumen bewuchertes Band, so lag sie in der Hitze der tanzenden, feuchten Schwaden da. Was für eine Spazierfahrt! Die PAPAOUTAH zerteilte das Wasser, als hätte sie es selber zuvor unter Schmerzen ausschwitzen müssen. Unendlich behutsam schnitt sie Welle um Welle an, wie bei einer Operation ohne Narkose. Der Bootsführer, so schien es mir von meinem Platz aus, mochte ein Mulatte sein, »mochte« sage ich, weil ich nie genug Schwung hatte, auf die Brücke hochzugehen und selber nachzuschauen. Als einziger Passagier saß ich eingekeilt zwischen den Negern im Schatten der Reling, solange die Sonne auf das Deck knallte, bis gegen fünf Uhr nachmittags. Damit die Sonne einem nicht die Augen verbrennt, muss man blinzeln wie eine Ratte. Nach fünf Uhr kann man einen Rundblick wagen, dann wird das Leben schön. Dieser graue Rand dahinten, das buschige Land über der Wasserlinie, das aussah wie zerdrückte Achselhaare, lockte mich kein bisschen. Diese Luft zu atmen war abscheulich, sogar nachts, so warm blieb die Luft, ein muffiger Meerdunst. Von dieser ganzen Ödnis konnte einem übel werden, dazu noch der Geruch von der Maschine und tagsüber den Wellen, hier waren sie ockergelb und weiter draußen allzu blau (…).

Endlich näherten wir uns meinem Bestimmungshafen. Man nannte mir wieder den Namen, den ich vergessen hatte: »Topo«. Hustend, spotzend, zitternd kroch die PAPAOUTAH auf die Küste zu, was auch wieder dreimal so lange dauerte wie vier Mahlzeiten aus Konservendosen, doch endlich langten wir über dem öligen Spülicht an.

LAWRENCE DURRELL

Leuchtende Orangen, 1953

Der Sturm, der uns etwa achtzig Meilen von Alexandria entfernt packte, hieß im Wetterbericht »leichte Böen«. So bedeutungslos schien er aber nicht zu sein. Tatsächlich glich der erste Anprall dem Ausbruch eines Vulkans. Die HDML wurde von der ersten Welle wie von einem ungeheuren Schlag getroffen, der all unsere Gebeine durchrüttelte. Ein solches Wetter wäre in einer Kaik von den Inseln schlimm genug gewesen; in einem Fahrzeug aber, das die Geschwindigkeit nicht unter fünfzehn Knoten drosseln konnte, ohne abzudriften, war seine Wirkung unbeschreiblich. Ich erwachte und sah die Ägäis rundum über funkelnden Tälern aufgetürmt, in die der fahlgelbe Schein der Schiffslaternen fiel (…)

Sooft später die Rede darauf kam, wann wir uns zum ersten Mal getroffen hätten, pflegte Gideon zu sagen, wir seien übereinandergefallen. Sicherlich genoss er den Sinn dieser Wendung buchstäblich wie auch symbolisch weit mehr, als einer von uns den Sturm selber genießen konnte, der uns zum ersten Mal einander vorgestellt hat. Aber übereinandergefallen sind wir sicherlich. Beim ersten Anprall von Wind und Wasser begann das Schiff jene stoßende und schlingernde Bewegung, die wir noch so gründlich kennenlernen sollten. Der Lärm der Schrauben, bevor sie sich wieder ins Wasser senkten, war wie der eines Riesen, der mit den Zähnen knirscht. In eine Ecke geschleudert, fand ich Gideons Haupt in meinem Schoße ruhen und meine Schenkel um den Kopf eines Soldaten geschlungen. Wir lasen uns gegenseitig Entschuldigungen von den Lippen ab und machten uns so elegant wie nur möglich frei – nur um gleich wieder übereinander zu purzeln. Aufrecht zu stehen, war unmöglich; es war schon schwierig genug, überhaupt irgendwo zu bleiben. Die HDML hatte ihre Geschwindigkeit soweit wie möglich gedrosselt und schlitterte über die Oberfläche des Wassers dahin, und die Wellen prasselten in einer Folge von jähen, sinnlosen Stößen gegen sie los. Wir standen fest, mit gespreizten Beinen, und hörten das dumpfe Aufschlagen des Schiffskörpers auf das Wasser und das grässliche Geräusch von Geschirr, das in der Kombüse zerschmettert wurde. Von da an bewegten wir uns nur noch auf allen vieren, zusammengekauert wie Affen, über das Schiff. An Schlaf war nicht zu denken. Die schrecklichen Schläge der Wellen trafen uns wie Hiebe ins Sonnengeflecht.

JACQUES LACARRIÈRE

Griechischer Sommer, 1975

Auf dem Deck des Schiffes liegen überall in buntem Durcheinander Menschen, in Decken eingewickelt, zitternd in dem feuchten und kalten Wind, der seit Stunden bläst. Auf dem Achterdeck pendeln Lampen in der Nacht hin und her wie verrückt gewordene Lampions, Lichter eines beendeten Fests, dessen Gäste zu Boden gerollt sind. Aber hier sind sie betrunken vom Wind, von der Kälte und vom Stampfen der Maschine. Manche Körper liegen auf Teppichen, auf Matten. Daneben die Körbe, die Koffer, die Matratzen, die Vogelkäfige, die Kochgestelle, ohne die kein Grieche reisen zu können scheint. Wenn man sich längere Zeit auf einem Deck aufhalten muss, besteht vom ersten Moment an das Hauptproblem darin, in Piräus einen Platz zu ergattern, wo man seinen Schlafsack oder seine Decke ausbreiten kann. Das bedeutet, seinen Platz zu markieren, wie die Tiere es machen. Dabei muss man aber noch nach den besten Ecken Ausschau halten, was Erfahrung, Kaltblütigkeit und Schnelligkeit erfordert. Zu allererst muss man herausbekommen, woher der Wind weht, und von welcher Seite dem Schiff Gischt und Wellengang am meisten zusetzen. Dann muss man den Rauchschwaden aus dem Schornstein aus dem Weg gehen. Und schließlich nach Möglichkeit einen geschützten Winkel an einer Kabinenwand oder einem Rettungsboot suchen, um zu vermeiden, dass man die ganze Nacht herumgestoßen oder dass über einen hinweggestiefelt wird. Jahrelang habe ich einen blauen Schlafsack in Griechenland mit mir herumgeschleppt, den der Gischt, der Sand der Strände, die tausend Zufälligkeiten der wo auch immer verbrachten Nächte gestärkt und fast wasserdicht gemacht hatten. Darin vermummt, die Kapuze ins Gesicht gezogen, dass nur die Nase herauslugte, konnte ich Wind und Regen trotzen, ohne allzu sehr durchnässt zu werden. So bin ich jahrelang gereist, eine dicke blaue Raupe im langsamen Kriechgang, die in der Nacht die Sterne tanzen und die Masten schwanken sah. Ich habe so, selbst bei schlechtem Wetter, Stunden des Glücks kennengelernt und war entschlossen, auf meinem Fleck zu verharren bis zum Ende der Reise oder der Welt, fest genietet auf den Bezirk, den mein Expertenauge schon beim Besteigen des Schiffs ausgemacht hatte.

JACK LONDON

Die Fahrt der SNARK, 1911

So vergingen die Tage. Es gab so viel zu tun, dass die Zeit uns nie lang wurde. Und selbst wenn wir wenig zu tun gehabt hätten, wäre uns die Zeit bei den wunderbaren Lichtwirkungen in Luft und Meer nicht lang geworden – Morgendämmerung, die an brennende Kaiserstädte denken ließ, Regenbögen, die bis zum Zenit reichten; Sonnenuntergänge, die Ströme rosigen Lichts über das dunkelviolette Meer ergossen, ein Licht, das seinen Ursprung in einer Sonne hatte, deren zerstreuende, himmelanstürmende Strahlen vom reinsten Blau waren. Rings um das Schiff war das Meer, und lange, heiße Tage lang lag es wie ein azurblaues Seidengespinst da, in dessen Tiefe der Sonnenschein sich in Trichtern von Licht sammelte. Achtern kam, wenn es wehte, unter dem Wasser ein Flug milchweißer, türkisblauer Gespenster – es war der Schaum, den die SNARK erzeugte, wenn sie gegen eine Woge stieß. Nachts war das Kielwasser ein phosphorglänzender Feuerstreif, in dem das Meeresleuchten dagegen protestierte, dass ein solcher Koloss wie wir uns durch das Meer bewegten, während wir ganz in der Tiefe Kometen sehen konnten, die sich unaufhörlich mit ihren langen, wogenden, nebelartigen Schweifen hin und her bewegten – Boniten, die durch das protestierende Meeresleuchten glitten. Und hin und wieder tauchten aus dem Dunkel zu beiden Seiten eben unter der Oberfläche große phosphoreszierende Organismen auf, die wie elektrische Lampen schimmerten und zeigten, wo Zusammenstöße zwischen den nachlässigen Boniten stattfinden, die nach dem guten Jagdterrain dicht vor unserm Bugspriet eilten.

Die Seekarte, 2000

Voller Wonne atmete Coy die leicht bewegte Luft ein und witterte die Nähe der offenen See. Seitdem er zum ersten Mal das Deck eines Schiffes betreten hatte, empfand er im Moment der Abfahrt stets eine einzigartige, dem Glück sehr nahe kommende Ruhe. Das Land blieb zurück, und alles, was er brauchte, war mit ihm an Bord, war auf die engen Schiffsgrenzen beschränkt. Auf dem Meer, dachte er, fahren die Männer mit ihrem Zuhause auf dem Rücken, wie der Rucksack auf dem Rücken eines Forschers oder das Gehäuse, das mit der Schnecke hin und her wandert. Ein paar Liter Diesel und Öl, einige Segel und der richtige Wind genügten, um alles, was das Festland bot, überflüssig und entbehrlich zu machen. Rufe, Geräusche, Leute, Gerüche, die Tyrannei des Minutenzeigers der Uhr hatten hier keinen Sinn mehr. Wenn man sich bewegte, bis man die Küste achtern, ganz weit entfernt wahrnahm, so war das schon ein Ziel. Angesichts des bedrohlichen und magischen, allgegenwärtigen Meeres lösten sich Leiden und Sehnsüchte, Gefühlsbindungen, Hass und Hoffnung im Kielwasser auf und verblassten, bis sie weit weg und sinnlos wirkten, denn das Meer machte die Menschen egoistisch und verschloss sie in sich selbst. An Land gab es unausstehliche Dinge, Gedanken, Trennungen und Ängste, die man nur auf dem Deck eines Schiffes ertragen konnte. Kein anderes Schmerzmittel wirkte jemals so stark wie dieses. Er hatte gesehen, dass Männer an Bord überlebten, die woanders ihre Vernunft und ihre Ruhe für immer verloren hätten. Kurs, Wind, Seegang, Position, Geschwindigkeit, Überleben: Nur diese Wörter bedeuteten dort etwas. Denn es stimmte, dass die wahre, die einzig mögliche Freiheit und der wahre Gottesfrieden fünf Meilen von der nächsten Küste entfernt begannen.

Typee, 1846

Sechs Monate auf See! Ja, lieber Leser, so wahr ich lebe, sechs Monate, ohne Land zu sichten, auf Kreuzfahrt nach dem Pottwal unter der sengenden Sonne des Äquators, umher geworfen von den Wogen des weit dahinrollenden Pazifiks – oben den Himmel, ringsumher die See und sonst nichts! Seit vielen Wochen waren unsere Vorräte an frischen Lebensmitteln erschöpft. Keine süße Kartoffel ist übrig geblieben, nicht eine einzige Yamwurzel. Diese prächtigen Bananenbündel, die einst unser Heck und Achterdeck schmückten, sind verschwunden! Und die köstlichen Orangen, die von den Toppen und Stagen herab hingen – auch sie sind dahin! Ja, sie alle sind vergangen, und nichts ist uns geblieben als gepökeltes Pferdefleisch und Schiffszwieback. Ach, ihr Kajütensegler, die ihr soviel Aufhebens macht von einer Vierzehntagereise über den Atlantik, die ihr so pathetisch berichtet von den Entbehrungen und Mühseligkeiten der Seefahrt; wenn es nach einem mit Frühstück, Lunch und Dinner von fünf Gängen, Plaudern, Whistspielen und Champagnerpunsch verbrachten Tag ein schweres Los war, in kleine mahagoni- und ahorngetäfelte Kabinen gesperrt zu werden, um zehn Stunden lang zu schlafen, durch nichts gestört als diese »nichtsnutzigen Teerjacken«, die oben herumschreien und -trampeln – was würdet ihr sagen zu unseren sechs Monaten, in denen wir kein Land gesichtet haben? Ach, der erfrischende Anblick eines einzigen Grashalms – den Duft einer Handvoll lebendiger Erde zu schnuppern! Gibt's denn nichts Frisches um uns her? Ist denn nichts Grünes zu sehen? Ja, die Innenseite unseres Schanzkleides ist grün angemalt! Aber was für eine gemeine, krankhafte Farbe ist das, als ob nichts, was auch nur die Ähnlichkeit mit grünem Laub besitzt, auf diesem weiten Weg vom Land her gedeihen könnte. Sogar die Rinde, die einst an unserem Brennholz hing, hat das Schwein des Kapitäns abgenagt und verzehrt, und auch das ist schon so lange her, dass das Schwein selbst längst verspeist ist.

»Denn Tag und Nacht, auf See und auf Reede,
während der größten Betriebsamkeit wie im Dämmerschlaf,
ist immer ein Auge wachsam und schaut voraus.
Auf einem Schiff wird niemals wirklich geschlafen.«

MAURICE LARROUY (ALIAS RENÉ MILAN)

Die Nächte auf See

MILES SMEETON

TZU HANG, 1958

Es muss gegen fünf Uhr morgens gewesen sein. Draußen war es schon hell. Ich beschloss das Vorsegel zu bergen, weil es wie wild zu schlagen begonnen hatte. Rein in die Seestiefel, den Pullover über den Kopf gezogen, um voller Tatendrang nachzuholen, was ich viel zu lange versäumt hatte. Dick eingepackt, öffnete ich die Luke und erschrak. Im Nu hatte sich das Heulen des Windes in ein schreckliches Kreischen gesteigert. Der Wind musste in den letzten Stunden stark zugenommen haben. Die See war mit Gischt überzogen.

Es war ein grandioser Anblick. Ganz anders als jeder Sturm, den ich zuvor erlebt hatte, so anders, wie sich eine Winterlandschaft von einer Sommerlandschaft unterscheidet. Was mich am meisten verwunderte, es war wirklich alles um mich herum weiß. Dafür gab es zwei Gründe. Die brechenden Wogenkämme hinterließen breite weiße Streifen. Dazu riss der Sturm Gischtfetzen aus der See, sodass sie wie von Schnee bedeckt erschien. Fast war es, als stürme die gesamte Meeresoberfläche dahin. Hier und da wirbelte Wasser in Schleiern hoch wie Flugsand hinter den Dünen in einem Wüstensturm. Diese dahinmarschierende Meeresoberfläche, diese gewaltige Bewegung, das war mir neu. Die schneeähnliche Blässe hatte etwas Furchterregendes. Ja, der Anblick versetzte mich in Angst, so wie mich der Anblick des Schlachtfeldes im Kriege in Angst versetzt hatte. Es war eine Warnung. Die Warnung sagte: »Pass auf, es ist Gefahr im Verzug.«

Noch eines fiel mir auf. Zum ersten Mal, seit wir die Tasmanische See erreicht hatten, waren die Albatrosse verschwunden. Ich fragte mich, wohin? Konnte der Sturm ihnen etwas anhaben?

Um mich abzulenken, widmete ich meine ganze Konzentration dem Steuern. Dabei versuchte ich, TZU HANG genau mit dem Heck zu den Wellen zu halten. Es war immer das gleiche: Zuerst erhob sich das Heck, und es war, als würden wir eine Schlittenfahrt in ein tiefes Tal machen. Dann ritten wir für einen Moment auf dem Wellenkamm, bevor sich der Bugspriet in den Himmel bohrte und das Schiff zu zittern und zu schütteln begann, bis die See davongelaufen war.

ALAN VILLIERS

Die Söhne Sindbads, 1940

Wir wuschen uns im Seewasser, aßen mit den Händen und schliefen, nur wenige Zentimeter über dem Meeresspiegel, auf der Ladung. Wir waren sonnengebräunt, hungrig und müde; denn die ständige Bewegung eines kleinen Schiffes in kurzer See strengt gewaltig an. Ich konnte wenig Arabisch und verstand so gut wie nichts von dem, was die Matrosen aus dem Yemen sagten.

Wahrhaftig ein hartes Leben, aber dieser Gedanke kam niemandem an Bord außer mir. Die Seeleute vertrugen sich glänzend miteinander. Ihre Schlichtheit und ungekünstelte Offenheit, das Fehlen jeder Heuchelei und Verstellung, die einfältige und unbekümmerte Philosophie ihres primitiven Daseins – all das war ungemein anziehend. Sie fasteten, beteten und wuschen sich, sie verrichteten die nötigen Arbeiten und verzehrten vergnügt ihr bescheidenes Mahl. Mir wollte es scheinen, als schenke ihnen gerade die Schlichtheit ihres harten Lebens einen Reichtum, den wir Europäer gar zu oft entbehren. Ihre Zufriedenheit stammte aus ihnen selbst, und ihre kleinen Freuden verdankten sie der sehr nüchternen Welt um sich herum. Sie waren freie Männer, selbst wenn ein Sklave darunter war; jedenfalls freier, als wir es sind.

JOSHUA SLOCUM

Allein um die Welt, 1898

Am 23. Juni war ich schließlich müde, müde, müde von den unberechenbaren Böen und von der aufreibenden Kreuzsee. Ich hatte tagelang kein Schiff gesehen, obwohl ich hier doch wenigstens ab und zu die Gesellschaft eines Schoners erwartet hatte. Das Pfeifen des Windes im Rigg und das Klatschen der See gegen den Rumpf waren ja auf ihre Weise ganz schön, und wir – die SPRAY und ich – konnten auch ohne dies gar nicht mehr auskommen. Aber jetzt war es doch ein bisschen viel, und es dauerte nun auch schon allzu lange!

Am Mittag dieses Tages brach eine Art Wintersturm aus Nordwest über uns herein. Mitten im Golfstrom und auch noch spät im Juni prasselte Hagel auf die SPRAY herab, und Blitze zuckten aus den Wolken, nicht einzeln, sondern in fast ununterbrochenen Strömen. Tag und Nacht arbeitend, segelte ich jedoch die Slup allmählich schräg auf die Küste zu, und dort lief sie am 25. Juni vor Fire Island mitten in den Tornado hinein, der eine Stunde zuvor über New York getobt und ganze Häuser zu Wracks gemacht und Bäume zersplittert und durch die Luft geschleudert hatte. Sogar Schiffe in den Docks waren von ihren Liegeplätzen losgerissen und auf andere Schiffe getrieben worden, wobei großer Schaden entstand. Es war der schlimmste Sturm der ganzen Reise. Doch ich erkannte frühzeitig seinen Charakter, und da ich ihm nicht ausweichen konnte, machte ich an Bord alles klar und empfing ihn unter blanken Masten. Trotzdem schüttelte sich die Slup, als er auf sie einhämmerte, und legte sich widerwillig tief auf die Seite. Doch ich hatte einen Seeanker über Bug ausgebracht, und vor dem drehte sie in den Wind, richtete sich wieder auf und ritt ihn ab. Auf dem Höhepunkt des Orkans konnte ich bloß zuschauen: Denn was ist ein Mensch in einem solchen Sturm?

ALBERT CAMUS

Reisetagebücher, 1946

Wunderbare Nacht über dem Atlantik. Diese Stunde, die von der verschwundenen Sonne zum gerade erst aufgehenden Mond reicht, vom noch leuchtenden Westen zum schon dunklen Osten. Ja, ich liebe das Meer sehr – diese ruhige Unermesslichkeit – diese wieder bedeckten Furchen des Kielwassers – diese flüssigen Straßen. Zum ersten Mal ein dem Atmen des Menschen angemessener Horizont, ein Raum, so groß wie seine Kühnheit. Ich bin immer hin und her gerissen gewesen zwischen meinem Hunger nach Menschen, der Eitelkeit der Betriebsamkeit und dem Wunsch, mich jenen Meeren des Vergessens anzugleichen, jenem maßlosen Schweigen, das wie der Zauber des Todes ist. Ich habe Gefallen an den Eitelkeiten der Welt, an meinen Mitmenschen, an den Gesichtern, aber neben dem Leben der Welt habe ich einen eigenen Maßstab – das Meer und all das, was in dieser Welt ihm gleicht. O Süße der Nächte, in denen alle Sterne funkeln und über die Masten hingleiten, und diese Stille in mir, diese Stille endlich, die mich von allem erlöst.

JACQUES-YVES LE TOUMELIN

Mit KURUN zu den Antillen, 1957

Es herrschte absolute Flaute, und ich war, nach einer weiteren Nacht an Deck, so hundemüde, dass ich mich entschloss, eine Stunde zu schlafen. Was sollte schon passieren? Die Nacht hätte nicht ruhiger sein können. Dazu leuchtete eine herrliche Mondsichel vom Himmel.

Ich drehe den Docht der weißen Vollkreislaterne an dem Geräteträger ordentlich hoch, und nachdem ich meinen Wecker auf fünf Uhr gestellt hatte, fiel ich in einen tiefen schweren, unverfänglichen Schlaf. Meine Hochdrucklampe des Fabrikats Radius mit einer Leuchtkraft von 100 Candela schien hell durch die sechs Bullaugen und das rechteckige Fenster achtern. Dazu leuchtete noch die kleine Birne im Kompass, den man so von der Pinne aus erkennen konnte. Was geschah? Hat der Wecker nicht geklingelt? Habe ich ihn überhört?

Ich schlief und schlief …

Gegen 06.05 Uhr kam ich an Deck; irgendetwas Unsichtbares musste mich aufgeweckt haben. War etwas passiert?

Kein Himmel mehr an Steuerbord! Ich schaute gegen eine Wand. Zuerst dachte ich zu träumen. Es kam mir so ungeheuerlich, unverständlich, unwirklich vor.

Auf dem Laufgang an Steuerbord stand Wasser.

Einen Bruchteil einer Sekunde dachte ich, es sei das Segel eines anderen Bootes, aber das schien mir unwahrscheinlich, so knapp über der Reling!

Unwillkürlich versuchte ich, dieses Hindernis mit aller Kraft wegzudrücken. Dabei klebte ich an der Bordwand eines Frachters!

Er fuhr sehr langsam an mir vorbei, bis schließlich über mir sein riesiges Heck sichtbar wurde und die gigantische Schraube wenige Meter von mir entfernt das Wasser aufwühlte!

Was für ein Albtraum!

Ein Bild des Schreckens, das sich langsam entfernte, dann aber zurückkehrte und die KURUN gefährlich nah umrundete. Ich fürchtete, erneut an seine Bordwand gesogen zu werden, und

ich unternahm den verzweifelten Versuch, mich mit dem Schein meiner beiden Taschenlampen und gellenden Schreien bemerkbar zu machen.

Eine Stimme bot mir Hilfe an, die ich ablehnte. Ich konnte es kaum erwarten, dass sich dieser gefährliche Koloss endlich entfernte, was er schließlich zu meiner großen Erleichterung auch tat. Dann graute der Morgen.

GÉRARD JANICHON

DAMIEN – Eisberge und die Antarktis, 1974

Als ich um Mitternacht die Wache übernahm, meinte ich noch, ich müsste mir Streichhölzer unter die Lider stecken, um die Augen offen halten zu können. Ehrlich gesagt frage ich mich, ob es sich dabei um eine physische, der ewigen Wachen geschuldete, oder eher um eine psychologische Müdigkeit handelt, hervorgerufen von der Angst vor den Eisbergen, denen ich mich sehr nahe fühle, sie allerdings ob des dichten Schneefalls nicht erkennen kann. Es ist jedenfalls eine Müdigkeit, die mich heimtückisch in den Schlaf zu drängen droht. Nachts, wenn wir mit fünf bis sechs Knoten dahingleiten und nicht weiter als bis zum Vorstag sehen können, hätten wir bestimmt nicht mehr die Zeit, eine Wende zu fahren, wenn ein Eisberg in Sicht kommt, der eben zufälligerweise auf unserer Route liegt. Diese Furcht wird zu einer Art Psychose, bei der sich alle Nerven fast bis zur Lähmung anspannen, dann wieder ein wenig entspannen und bald zu einer neuerlichen Quasi-Lähmung führen.

Hin und wieder muss ich hinauf an Deck, um die Kuppel vom Schnee zu befreien, der sich dort ansammelt. Zwar ist die Sicht durch das saubere Glas kaum besser, aber man hat zumindest das Gefühl, aktiv zu sein und alle Trümpfe auszuspielen. Ich bin weder glücklich noch unglücklich, weder lustig noch trübsinnig, ich fühle mich wie ein Funkmessgerät, das – leider – denken kann, eine Maschine und doch – leider – ein Mensch. Pan-pan …

Eben hat sich das Großsegel von seiner bei Wind und Kälte durchgehärteten Schneelast befreit, die krachend auf dem Deck zerborsten ist und so auf geradezu anstößige Weise den Frieden stört. Ich zünde mir eine weitere Zigarette an, deren Glut ich als Antwort auf die rote Beleuchtung des Kompasses verstehe – die beiden Seelen der DAMIEN. Man muss schon komplett verrückt sein, um zu zweit auf einem Zehn-Meter-Segelboot bei Schneegestöber südlich der Screaming Sixties zu segeln. Und das tun wir: südlich des 60. Breitengrades! (…) Und nun schlaf bloß nicht ein! Zwicke dich, rauche, und halte um Himmels willen die Augen offen! Und auf keinen Fall einschlafen, angesichts des Schnees, in Erwartung eines Eisbergs, beim Anblick deiner selbst.

WILFRIED ERDMANN

Allein gegen den Wind, 2002

Das Leben in der Kajüte ist dunkel. Ein Petroleumlicht brennt vorsichtshalber nicht. Es könnte bei einer Kenterung Feuer verursachen. Ich denke ans Kentern. Das Leben ist aber auch ein einziges Abstemmen, Auffangen und Festhalten des Körpers. Irgendwann kann ich mich nicht mehr halten, die Knie schmerzen, meine Arme machen schlapp. Ich verhole mich auf den Boden, wo ich gleich zweifach mit dem Rücken gegen die Kanten pralle. Spüre schweres Ziehen und Stechen im Brustbereich. Ist es psychisch oder tatsächlich eine ernsthafte Krankheit? Ist es die Anspannung, der Kraftaufwand? Was immer. Ich muss raus. An Deck. Die See schlägt uns fürchterlich. Achtern bollert es wie bei einer Kopfsteinpflasterfahrt. Kann mich nicht überwinden, an Deck zu klettern und die Pinnensteuerung zu übernehmen. Essen? Durst? Interessiert nicht sonderlich. Hunger ist aber vorhanden. Ein Erdnussbutterbrot tut es. Und eine Flasche »Asgaard«, das göttliche Bier der Wikinger. Das Bier schmeckt – und betäubt etwas. Mit der Dunkelheit ist es orkanartiger STURM (in Versalien, weil's ein kritischer ist). Unterm Achterschiff explodiert wieder eine von diesen Seen, als hätten sie Luft, zu viel Luft geschluckt. Was meines Wissens die härteste Form eines Seegangs ist. Gang? Hier geht keine See, sie rollen und laufen an. Man könnte von Seelauf sprechen. Als wollten sie

uns vernichten. Der Aufprall ist härter und lauter, als ich es je erlebt habe. So müssen sich die Wasserbomben im U-Boot-Krieg angehört haben. Man wartet auf die Einschläge – mit der Hoffnung, dass nichts passiert.

Das Wundersame: KATHENA kommt nicht ab vom Kurs. Ich stehe und schaue nach oben. Kein Stern, keine einzelne Wolke, nichts als eine Einheit über mir. Stehe und bewundere mein Schiff. Es arbeitet und kämpft, während ich in der Kajüte der Dinge harre – allerdings in Ölzeug, Gummistiefeln und Sicherheitsgurt. Bereit wie schon den ganzen Tag, falls erforderlich einzugreifen.

Eine Breitseite legt uns über, bis die Fenster wegtauchen. Der gesamte Aufbau wird beim Aufrichten überspült. Denke sofort an meine Fenster ringsum: 46 mal 14 Zentimeter sind in dieser Situation groß, 12 Millimeter dickes Acrylglas dünn. Stelle aber fest, dass die brechende See nie die Glasfläche im rechten Winkel trifft. Das Schandeck fängt vorher einen Teil der Wucht ab. Die O-Fock liegt klar an Deck. Natürlich liegt sie nicht, sie ist festgezurrt an Stag und Reling. Ans Setzen denke ich nicht, aber an einen anderen Segler, der dieses Meer vor dem Wind durchsegelte: Bernard Moitessier schrieb: »*Gott behüte mich davor, es zu wagen, hier gegen den Wind zu segeln.*« Das fällt mir in diesem Getose ein. Sein Schiff, ein Stahlbau von zwölf Meter Länge, ist viele Male auf die Seite geklatscht worden. JOSHUA hatte eine Innensteuerung.

Mit Sturmhaube und Südwester fest auf dem Kopf versuche ich, den kreischenden Wind ums Rigg einzudämmen. Am liebsten würde ich noch Watte in die Ohren tun. Dadurch das Dröhnen und die trostlose Wasserwelt um mich herum vergessen.

Es ist verdammt schwer festzuhalten, was man fühlt, wenn man zusehen muss, wie das Boot geschleudert wird. Und sich selbst dabei in alle Richtungen abstützen muss. Erstarrt und ermattet vom Ganzen, verharre ich weiter auf dem Kajütboden. Der Kopf liegt auf einem Segelsack. Meine Hände umschließen einander. Ich kneife die Augen zusammen und horche. Wind jault und stöhnt unverändert. Das Atmen macht mir Mühe. Moitessier kommt mir wieder in den Sinn. Er hat mir eine Möglichkeit der Astronavigation beigebracht, die Breiten- und Längenberechnung mithilfe der Sonne. Ganz einfach und reduziert auf das Wesentliche, wie seine gesamte Auffassung vom Segeln und Leben.

HARRY GRAF KESSLER

Auf See, 1896

Auf See, 10. Oktober 1896

Das Wunderbare am Meer ist seine Seelenähnlichkeit. Jede andere
Landschaft scheint uns starr; nur des Meeres Bewegungen sind flüchtig
genug, um an unserem Dasein messbar zu sein: es ist von den Welten-
schauspielen das menschlichste. Heute hat es alle Launen durchlebt.
Früh tanzte auf den Wellen das Sonnenlicht weithin und glitzerte wie
Gold unter dem Möwenschwarm, der dem Schiffe folgt. Dann zogen Wol-
ken herauf, ein Windstoß rauschte mit Tosen und prasselndem Regen
über das grüne Wasser heran. Und jetzt, nach dem Unwetter, wogt die
See träge und bleigrau im Helldunkel.

Auf See, 12. Oktober 1896

Eine wilde, stürmische Nacht. Stundenlang über Kopf das Rauschen des
über das Deck strömenden Wassers und dazwischen eilige Tritte und
Stimmen und Kettengeklirr. Die Wellen stoßen wütend gegen die Schiffs-
seiten. Die Geräusche der Nacht, das Knarren und Poltern, Stampfen
und Stöhnen, Zittern und Ächzen verwachsen allmählich wie zu Fieber-
träumen. Nichts ist fantastischer als dieser Kampf, den das Schiff, ein
Menschenwerk, gegen das Meer in der heulenden Finsternis kämpft.

Auf See, 13. Oktober 1896

Sternenhelle Nacht; das Meer gleicht unter der klaren Himmelskugel
schwarzem Kristall. Später ging der Mond auf. Die Reinheit seiner Licht-
strahlen auf der dunkel dämmernden weiten See ist zu kalt und erhaben,
um sentimental zu wirken; es ist, als sei zwischen Sinnen und Verstand
das Gefühl ausgeschaltet. Vielleicht ist es doch wahr, dass diese gefühl-
lose Seligkeit die Schönheit ist.

OLIVIER DE KERSAUSON

Erinnerungen eines Salznackens, 1985

In jenen Nächten auf See öffnet sich dem Mann am Ruder das Universum. Die Dunkelheit legt sich wie ein zarter, weicher Umhang über seine Schultern. In ein wasserdichtes Ölzeug gezwängt und mit einer dicken Jacke gegen die Kälte geschützt, fängt der Körper an sich zu entfalten, und die vom zeitweiligen Aufleuchten des Kompasses gesteigerte Magie bricht sich Bahnen. Die Dunkelheit entbehrt nicht einer gewissen Mystik, und sie legt sich immer bleierner über das Schiff. Das Hören wird zur wichtigsten Sinneswahrnehmung, ist es doch das Ohr, mit dem man verwunschene Reize wie etwa den komplexen Sound des am Unterwasserschiff abfließenden Wassers oder das leichte Vibrieren der Segel, das sich bei einer Kursänderung schnell in ein peitschendes Flattern verwandelt, am zuverlässigsten wahrnimmt und zu deuten weiß. Schlagartig steht dann der Mond hoch am Himmel. Es scheint, als breche seine Spiegelung aus dem Wasser hervor oder als sei er gerade eingetaucht, man weiß es nicht so genau, jedenfalls glitzert und blinkt alles in einem silbernen Schein. Mit dem üppigen Licht bildet sich ein neuer Horizont, ein bisher unbekannter, eben aufsteigender. Und es scheint, als würde die Farbigkeit ins Leben zurückkehren (…)

In Vollmondnächten sind sie ungleich schwerer zu ertragen, die Delirien der Schönheit. Das Schiff scheint sich nicht mehr zu bewegen, vielmehr ist es der Mond, der den Himmel befährt – eine paradoxe Kreuzfahrt des Lichts oberhalb der weißen Segel, die in seinem Glanz erstrahlen und fast anstößig leuchten. Die Natur übertreibt hier, man möchte meinen, sie legt es darauf an, das Vergessen zu provozieren, nämlich das Vergessen all jener feindseligen, unsere Kraft kostenden, leichenblassen, geradezu niederträchtigen Nächte.

Auf See betrachte ich nachts immer den Mond. Er ist eine Art Geschäftspartner, ein Komplize, der die Einsamkeit durchbricht. Und mit dem ich spreche, denn auch das kommt vor. Er schaut aus wie ein Spiegel, wie das Auge des Himmels. An bestimmten Abenden wirkt er ein wenig weiblich, doch sehr selten. Im Grunde genommen ist er meistens asexuell, jenseits des Menschlichen. Ein Zeuge der Welt. Neutral. Manchmal eisig, und uns, die wir uns auf der benachbarten Erde das Leben schwer machen, verspottend.

Der Mensch und die See

ÉMILE VERHAEREN

Die Reise, 1895

Die Reise

Ich kann das Meer nicht sehn, ohne von Fahrt zu träumen.
Der Abend naht, ein Abend, brüderlich und gut,
In dessen Hut die Schiffe schlaff im Hafen
Tief eingeschmiegt im schweren Sande schlafen
Und schlummernd harren auf die neue Flut.
Doch dann – wie mächtig sich die steilen Kiele bäumen,
Wenn sie die Flut mit ihrer Geißel schlägt,
Welch ungeheuer wildes und lebendiges Schwellen,
Wenn sich – ein Schwarm Schaumvögel – jäh die Wellen
In ihre Flanken beißen und zu Gischt zerfegt
Ins Leere fallen mit aufsträubendem Gefieder
Und neu auffliegen, stürzen, immer, immer wieder!

THOMAS MANN

Buddenbrooks, 1901

»Breite Wellen …«, sagte Thomas Buddenbrook. »Wie sie daherkommen und zerschellen, daherkommen und zerschellen, eine nach der anderen, endlos, zwecklos, öde und irr. Und doch wirkt es beruhigend und tröstlich, wie das Einfache und Notwendige. Mehr und mehr habe ich die See lieben gelernt … vielleicht zog ich ehemals das Gebirge nur vor, weil es in weiter Ferne lag. Jetzt möchte ich nicht mehr dorthin. Ich glaube, dass ich mich fürchten und schämen würde. Es ist zu willkürlich, zu unregelmäßig, zu vielfach … sicher, ich würde mich allzu unterlegen fühlen. Was für Menschen es wohl sind, die der Monotonie des Meeres den Vorzug geben? Mir scheint, es sind solche, die zu lange und tief in die Verwicklungen der innerlichen Dinge hineingesehen haben, um nicht wenigstens von den äußeren vor allem eins verlangen zu müssen: Einfachheit … Es ist das wenigste, dass man tapfer umher steigt im Gebirge, während man am Meere still im Sande ruht. Aber ich kenne den Blick, mit dem man dem einen, und jenen, mit dem man dem andern huldigt. Sichere, trotzige, glückliche Augen, die voll sind von Unternehmungslust, Festigkeit und Lebensmut, schweifen von Gipfel zu Gipfel; aber auf der Weite des Meeres, das mit diesem mystischen und lähmenden Fatalismus seine Wogen heranwälzt, träumt ein verschleierter, hoffnungsloser und wissender Blick, der irgendwo einstmals tief in traurige Wirrnisse sah …«

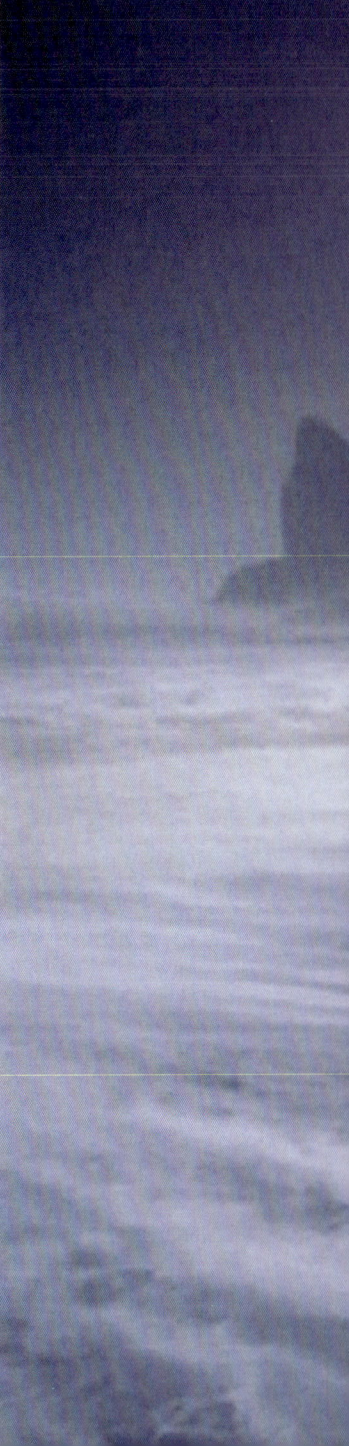

ARTHUR RIMBAUD

Das trunkene Schiff, 1871

Als ich hinabschoß, vom Gleichmut der Ströme getragen,
Da spürte ich das Leitseil der Treidler nicht mehr:
Von schreienden Rothäuten an Pfähle geschlagen,
Nackt, waren sie Scheiben für Messer und Speer.

Ich scherte mich wenig um all meine Frachten,
Flämisches Korn oder englischen Stoff, die ich trug.
Als die Schreier meine Treidler zur Ruhe brachten,
Stieß der Strom mir zu Willen voran meinen Bug.

Unter dem wütenden Geplätscher der Gezeiten
Den letzten Winter lang, wie Kinderhirne stumpf,
Trieb ich dahin! Und abgefetzte Inselseiten
Erlitten meines Tohuwabohus Triumph.

Der Sturm gab meinen Wachen auf dem Meer den Segen.
Ich tanzte wie ein Korken auf den Wellen hin,
Die, sagt man, ewig über ihre Opfer fegen,
Zehn Nächte, ohne unbedarftes Hafenlicht im Sinn!

Noch süßer, als den Kindern saure Äpfel scheinen,
War grünes Wasser, das durchs Tannenholz mir drang
Und das Erbrochne und die Flecken von den Weinen
Hinwegwusch, daß mir Steuer und Anker zersprang.

Und seitdem badete ich mich in den Poemen,
Den sterndurchsunkenen, des Meers, das milchig blinkt,
Die grünen Himmelsbläuen schlingend; wo der Schemen
Eines Ertrunkenen entzückt und still versinkt;

Wo, plötzlich hell verfärbend alles Blau, in weiten
Fieberrhythmen, vom goldnen Glast des Tags umhüllt,
Stärker als Alkohol, mächtiger als Lyrasaiten,
Das Bitterrot der Liebe gärend aufwärts schwillt!

Ich sah die Blitze auf die Himmel niederhämmern,
Den Sog der Strudel und der Ströme; sah die Nacht
Und, schwärmend wie ein Taubenvolk, die Morgen dämmern,
Und manchmal sah ich, was der Mensch zu sehn gedacht!

Ich sah die tiefe Sonne, wie sie mystisch Schrecken überkamen,
Auf langhin starrem Lila ihren Widerschein;
Die Wellen, ganz wie Helden aus antiken Dramen,
Verrollten fern, jagten dem Kompaß Schauer ein!

Ich träumte eine grüne Nacht, blendende Weiße,
Die leicht die Meere küßt, bis zu den Augen auf,
Das Schäumen unerhörter Säfte rings im Kreise,
Den singenden Phosphor in gelb und blauem Lauf!

Ich folgte mondelang den Brechern, wenn sie keuchten
In kuhtoller Brandung, die die Riffe besprang,
Vergessend, daß einst der Marienfüße Leuchten
Des wilden Ozeanes schnaufend Maul bezwang!

Ich rammte, wißt ihr!, unglaubliche Blumenhügel,
Wo Blüten, Pantherblick und Menschenhaut vermischt!
Und Meeresregenbögen, vorgespannt wie Zügel
Vor grüne Herden unterm Horizont der Gischt!

Ich sah ungeheuere Sümpfe brodeln, Reusen,
Wo in Binsen und Schilf ein Leviathan verstank!
Wie in kurzen Windstillen zerbarsten die Schleusen
Und die Ferne in Abgründe stürzend ertrank!

Silberne Sonnen, Himmelsbrände, Perlmuttwogen,
Gletscher! Gräßliche Wracks in brauner Golfe Gruft,
Wo Riesenschlangen, von den Wanzen ausgesogen,
Aus gewundenen Bäumen sinken mit schwärzlichem Duft!

Den Kindern hätt ich dies Dorado zeigen mögen
Der blauen Flut, den singenden, den goldnen Fisch.
Ein Schaum aus Blüten fiel auf meine Fahrt gleich Regen,
Und manchmal schwang mich Wind empor, unsagbar frisch.

Manchmal, den Polen und Regionen fast erlegen,
Streckte das Meer, das meine sanfte Wiege war,
Die gelben Kelche dunkler Blumen mir entgegen,
Und ich lag still, wie eine Frau vor dem Altar …

Fast eine Insel, wogte um mein Deck das Zanken
Streitender, blondäugiger Vögel und ihr Kot,
Und ich trieb weiter, wenn durch meine morschen Planken
Rücklings Ertrunkne schwebten hin in Schlaf und Tod!

Ich aber, ein verlornes Schiff im Haar der Buchten,
Geworfen vom Orkan in vogellosen Raum,
– Und wenn auch Hansesegler, Panzerschiffe suchten,
Sie fänden mein Gerippe, wassertrunken, kaum –

Frei, dampfend dort im violetten Nebeldämmern,
Bot ich der rotgefärbten Himmelsmauer Trotz,
Die, für die braven Dichter Grund zum feinsten Schlemmern,
Voll Sonnenflechten ist und voller blauem Rotz;

Ich fuhr unter dem Flackern elektrischer Monde,
Ein verrücktes Brett in schwarzer Seepferdchen Zug,
Als der Juli die meerblauen Himmel entthronte
Und mit Keulen hinunter in Gluttrichter schlug;

Aus fünfzig Meilen Ferne ächzten, daß ich bebte,
Die Brunst des Behemoth, der Malstrom zu mir her –
Ich, das ich endlos an der blauen Starre webte,
Ich sehne mich nach Europas uralter Wehr!

Sternarchipele sah ich! Über Inseln spannte
Sich Himmel, rasend, für den Wanderer bereit:
– Schläft dort im Grund der tiefsten Nächte der Verbannte,
Die Million goldner Vögel, die Kraft neuer Zeit? –

Doch wahr, zuviel geweint! Quälend die Morgenröten,
Grausam alle Monde, die Sonnen bitter schwer:
Dumpfheit der herben Liebe Räusche, die mich blähten.
Ach, splitterte mein Kiel! sänk ich hinab ins Meer!

Wenn ich noch Sehnsucht nach Europas Wassern habe,
Dann nach dem schwarzen Tümpel, wo im Abendschein
Voll süßem Duft ein kauernder, trauriger Knabe
Mit Schiffchen spielt, wie Frühlingsschmetterlinge fein.

Ich kann, ihr Wellen, eingehüllt in euer Schlagen,
Nicht mehr im Kielwasser der Baumwollschiffe ziehn,
Noch den Hochmut der Fahnen und Wimpel ertragen,
Noch des Brückenboots schrecklichen Augen entfliehn.

HANS DOMIZLAFF

Das Meer in tiefen Zügen atmen, 1934

In der Schöpfungsgeschichte wurden zuerst Himmel und Erde und Wasser geschaffen. Daraus ergab sich alles übrige. So war es auch am Abend, als aus Ost-Nord-Ost ein leiser Windzug kam. Der Himmel wurde mit der Luft plötzlich körperlich wahrnehmbar. Das Meer entstand mit grauen Flächen zur Sichtbarkeit, und in natürlicher Folge wurden alle Menschen lebendig. Der Motor verstummte und mit ihm der Eindruck der Monotonie. Neue in ihrer Ungleichmäßigkeit aufweckende Geräusche kündeten die Natur an. Die Blöcke knarrten, und am Bug fing das Wasser an zu schwatzen. Das Schiff machte die ersten langsamen Atembewegungen wie ein Ertrunkener, dessen Herz nach stundenlanger Stille ganz schwach zu schlagen anfängt. Man fühlte unter seinen Füßen die Geburt eines Lebewesens, und mit zunehmender Fahrt wiederholte sich das uralte Gleichnis der Schöpfung einer unendlich mannigfaltigen Vorstellungswelt. Mit neuen Erwartungen, neuen Hoffnungen und einem neuen Dasein beschloss sich aus Morgen und Abend der erste Tag.

Die armen Leute an Land ahnen gar nicht, wie schön so eine schmale Koje ist. Ich war hundemüde, und mit einem seltenen Wohlbehagen drehte ich mich ein paar mal hin und her, bis ich richtig eingewickelt und verpackt die gewohnte Bord-Schlaflage gefunden hatte. Durch das Skylight drang das blaue Licht der hellen Sommernacht und zeichnete die vertraute Einrichtung der Kabine, die eine Atmosphäre von Geborgenheit und Frieden auch in stürmischen Stunden niemals verlor. Die feinen Schwingungen des Schiffes führen langsam in das Traumland des Schlafes hinüber. Man müsste einmal die Schwingungen mit einem empfindlichen Apparat registrieren. Sie sind so mannigfaltig und doch mit gleich bleibender Grundtendenz. Sie sind eintönig und doch unberechenbar mit zahllosen Variationen rhythmischer Einfälle der eigenwilligen See. Was ist es aber, was den wohlig und genießerisch in seiner Koje liegenden Menschen befähigt, in die Abgründe der dämonischen Geburtszeit des Lebens hineinzuhorchen? Irgendein Ahnen von vorweltlichen Eindrücken lässt einen Raum der Unwirklichkeit zurückgewinnen, wo alle anderen Sinnesorgane als die des Tastsinns und des blutbeschwingten Körpergefühls noch nicht erwacht waren, und in dem alle Lebewesen ihren Ausgangspunkt verspüren. Allzu große Glückseligkeit ist quälend. Die Gier nach einem vollen Genießen der Stunden in der durch die Welt schwebenden Koje verscheucht den Schlaf. Während die Glieder längst bleischwer vor Müdigkeit entspannen, bleibt das Gehirn willenlos im Banne von Gedankenketten, die mit schmerzender Folgerichtigkeit zu neuen Problemen ziehen wollen.

Fragen über den Sinn des Daseins und über den Wert des Lebens leiten zu dem Bewusstsein der Eingebundenheit in das Weltgeschehen und zum Aufgeben des kritischen Verstandes. Die Angst steigert sich vor der Gefahr, in den gewaltigen Bewegungen des Alls verloren zu gehen. Das Meer rauscht über das feste Land und verschlingt alle Gestirne, wie vor dem ersten Schöpfungstag. Zeitlos und raumlos atmet in immer tieferen Zügen das Herz in seiner allseitigen Umhüllung von glasigen Wassermassen. Das Auge sieht nicht mehr, und das Ohr ist bewusstlos. Nur das Herz lauscht auf seinen eigenen Schlag und auf das Flüstern von winzigen unzerstörbaren Lebenszellen, die eine Jahrmillionen alte Geschichte in der Sprache des Weltrhythmus erzählen. Die ganze Nacht laufen wir unter Vollzeug und Breitfock unseren Weg weiter. Die ungewisse Dunkelheit der Nacht drängt die kleine Welt des Schiffes noch mehr in sich zusammen. Die Positionslaternen senden ihre warnenden Strahlen weit voraus. Die Hecklaterne beleuchtet in einem engen Kreis das weißliche Kielwasser und den weißen Strich der achteraus weisenden langen Logleine, die sich unermüdlich dreht. Im Inneren ist alles dunkel bis auf die kleine Lampe im Kartenhaus, die den Tisch erhellt, wo Karte und Logbuch liegen.

Für den Rudersmann ist das Interesse an der Umwelt mit der schwach erleuchteten Kompassrose erschöpft. Er sieht nur, wie der Strich an der Wandung des Kompasshauses hartnäckig den Versuch macht, nach der einen oder anderen Seite auszuwandern, und er bemüht sich, diesen Abweichungen entgegenzuarbeiten.

Mit dem gewichtigen Nachtglas bewaffnet, geht der Wachhabende vorm Kartenhaus auf und ab, oder er sitzt zu einem nächtlichen Klöhn neben dem Rudergänger. Ihm ist die Sicherheit des Schiffes anvertraut. Von dem Glauben an sein Verantwortungsbewusstsein hängt der ruhige Schlaf der übrigen Besatzung ab.

Es ist ein eigentümliches Gefühl für den Segler, daß da unten in den Kojen die Schläfer sich seiner Zuverlässigkeit anheim geben. Jede Unaufmerksamkeit kann zu Unheil führen. Auf hoher See sind die Gefahren seltener, aber bei der für Yachten viel häufigeren Küstenschipperei ist die Wache doch eine sehr ernste Sache. In diesen seelischen Belastungsproben und der männlich ausreifenden Wirkung der Seesegelei liegt ein so großer erzieherischer Wert für jüngere bildsame Menschen, wie ihn kein anderer Sport in ähnlich andauerndem Maße mit einer auch nur annähernden Folgenschwere zu zeigen vermag.

JULES MICHELET

Das Meer, 1861

Frieden für den Blauwal; Frieden für den Dugong, für das Walross, die Seekuh, für all jene kostbaren Arten, die anders bald aussterben würden. Sie brauchen eine lange Schonzeit, derjenigen vergleichbar, die in weiser Einsicht in der Schweiz für den Steinbock angesetzt wurde. Man hatte das schöne Tier überall zu Tode gehetzt und es beinahe ausgerottet, ja man glaubte es schon ganz verschwunden, doch ist es bald danach wieder gesichtet worden.

Für alle zusammen, für Amphibien und Fische, bedarf es einer Ruhezeit, eines *Gottesfriedens*. Die beste Weise, diese Tiere zu vermehren, besteht darin, sie in dem Augenblick der Reproduktion in Frieden zu lassen, zu jener Zeit, wo die Natur das Werk der Mutterschaft an ihnen vollbringt.

Es scheint, als wüssten sie selbst, dass sie in diesem Moment geheiligt sind: Sie verlieren ihre Scheuheit, sie steigen ans Licht hinauf, sie nähern sich den Ufern: Sie scheinen sich eines besonderen Schutzes versichert zu halten.

Es ist die Blüte ihrer Schönheit, der Höhepunkt ihrer Kraft. Ihre glitzernden Livreen, ihr Phosphoreszieren zeigen das hellste Auflodern der Lebensflamme an. Bei jeder Art, die nicht durch ihr Übermaß an Fruchtbarkeit bedrohlich wird, gilt es diesen Augenblick andächtig zu respektieren. Mögen sie später sterben, einverstanden. Wenn man sie denn töten muss, so töte man sie! Doch zuerst sollen sie gelebt haben.

Jedes unschuldige Leben hat Anrecht auf den Augenblick des Glücks, auf jenen Moment, in dem das Individuum – so niedrig es auf der Stufenleiter des Lebens auch zu stehen scheine – die enge Schranke seines individuellen Ich überschreitet, über sich selbst hinaus will und in dunklem Begehren in die Unendlichkeit eingeht, in der es sich verewigen soll.

GABRIEL GARCÍA MÁRQUEZ

Bericht eines Schiffbrüchigen, 1970

Als ich merkte, dass ich in der Dunkelheit versunken war und meine Handfläche nicht mehr erkennen konnte, war mein erster Eindruck, dass ich mein Grauen nicht würde beherrschen können. Am Geräusch des an die Bordkante schlagenden Wassers erkannte ich, dass das Floß langsam, aber unermüdlich vorantrieb. In Finsternis getaucht, merkte ich erst jetzt, dass ich am Tag gar nicht so einsam gewesen war. Ich war in der Dunkelheit einsamer, im Floß, das ich nicht sah, das ich nur unter mir fühlte, als es auf einem undurchdringlichen und von seltsamen Tieren bevölkerten Meer stumm dahin glitt …
In dieser Nacht machte es mir Mühe, den Kleinen Bären zu finden, verloren in einem nicht enden wollenden Sternengewirr. Nie hatte ich so viele gesehen. In der gesamten Himmelsweite war es schwierig, eine einzige leere Stelle zu entdecken, doch sobald ich den Kleinen Bären geortet hatte, wagte ich nicht, woanders hin zu sehen. Ich weiß nicht, warum ich mich weniger einsam fühlte, als ich den Kleinen Bären betrachtete.

Der Schäfer und das Meer, 1668–1694

In Amphitrites Näh lebt', aller Sorgen bar,
Von seiner Herd Ertrag ein Mann still und zufrieden;
    War auch gering, was ihm beschieden,
    War's sicher doch und ohn Gefahr.
Endlich verlockten ihn die Schätze, die ausladen
Er stets am Ufer sah; er schlug die Herde los,
Vertraut' im Handel dann des Meers unsichrem Schoß
    Sein Geld und litt durch Schiffbruch Schaden.
Nun musst er wiederum die Schafe hüten gar,
Doch nicht als Oberhirt wie ehmals, als die Schar
Der eignen Lämmer er trieb zu des Meers Gestaden;
Er, der einst Coridon oder ein Tircis war,
    Ward Pierrot nun von Gottes Gnaden.
Bald hatt er wiederum ein weniges in bar
    Und legt's von neuem an in Schafen.
Einst, da der Winde Gunst das Landen in dem Hafen
Den Schiffen schnellen Stroms und milden Hauchs erlaubt:

»Geld wollt ihr! Ha, wenn ihr was zu ergattern glaubt,
Ihr Nixen« – ruft er – »müsst ihr's schon bei andern
suchen!
    Meins kriegt ihr nicht, drauf könnt ihr fluchen!«
Dies ist kein Märchen, das man nur zum Spaß erfand;
    Durch die Erfahrung anerkannt,
    Lehrt es die Wahrheit klar und offen:
    Mehr gilt ein Pfennig in der Hand
    Als fünf, auf die man erst soll hoffen.
Begnüge jedermann mit seinem Stande sich.
Locken mit Hoffnungen einst Meer und Ehrgeiz dich,

Verstopf dein Ohr mit Watt' und Werge;
Auf einen, der gewinnt, lässt's Tausende im Stich.
    Das Meer verspricht dir goldne Berge;
Trau ihm – es kommen Stürm und Räuber sicherlich!

GUSTAVE FLAUBERT

Über Feld und Strand, 1847/48

Am Leuchtturm von Brest. – Hier endigt die alte Welt; dies ist ihr vorgeschobenster Punkt, »ihre äußerste Grenze«. Hinter sich hat man ganz Europa, ganz Asien; vor sich das Meer, das unendliche Meer. Wie groß auch der Raum dem Auge erscheinen mag, bleibt er nicht immer beschränkt, sobald wir eine Grenze kennen? Sieht man nicht von unsern Küsten aus jenseits des Kanals die Trottoirs von Brighton, und umfasst man nicht von den Landhäuschen der Provence das ganze Mittelmeer wie ein ungeheures Azurbecken in einer Felsenmuschel, deren Ränder die Vorgebirge mit zerbröckelndem Marmor, gelbe Strände, herabhängende Palmen, Sand und ausladende Buchten ziselieren? Aber hier gibt es keine Grenze. Hurtig wie der Wind kann der Gedanke dahineilen, und sich ausbreitend, schweifend, sich verlierend, trifft er immer nur Wogen; und dann fern allerdings, ganz fern, dort unten am Horizont der Träume das unbestimmte Amerika, namenlose Inseln vielleicht, irgendein Land mit roten Früchten, mit Kolibris und mit Wilden, oder die stumme Dämmerung der Pole mit dem Wasserstrahl der schnaubenden Wale, oder die großen, buntfarbig erleuchteten Städte, Japan mit Dächern aus Porzellan, China mit durchbrochenen Treppen in Pagoden, in denen goldene Glöckchen erklingen. So bevölkert und belebt der Geist die Unendlichkeit, um sie zu beschränken, weil er ihrer unaufhörlich müde wird. An die Wüste denkt man nicht ohne die Karawanen, an den Ozean nicht ohne die Schiffe, an den Schoß der Erde nicht ohne die Schätze, die man dort vermutet.

Die Kumpel zuerst, 1964

Nein, es war nicht das Floß
der *Méduse*, dieses Boot,
schreibt euch das hinter die Ohren, in den
Häfen,
in den Häfen;
es schwamm gemächlich
auf dem großen Ententeich
und hieß *Die Kumpel zuerst,*
Die Kumpel zuerst.

Sein *fluctuat nec mergitur,*
das war keine Literatur,
egal, ob das ein böses Omen ist,
böses Omen ist;
der Kapitän und die Matrosen
waren keine krummen Hunde,
sondern Freunde, klare Kante,
Kumpel zuerst.

Sie waren keine Freunde de luxe,
kleine Kastors und Polluxe,
Typen aus Sodom und Gomorrha,
Sodom und Gomorrha,
keine Freunde auserlesen
von Montaigne und La Boétie,
sie schlugen sich beim Lachen kräftig
auf den Bauch,
die Kumpel zuerst.

Es waren auch keine Engel,
das Evangelium hatten sie nicht gelesen,
aber sie liebten einander, volle Segel,
volle Segel;
Jean, Pierre, Paul und Kompanie
war ihre einzige Litanei,
das *Credo*, das *Confiteor*
der Kumpel zuerst.

Wenn ein Schlag ins Kontor drohte,
ging die Freundschaft Wache um Wache,
denn sie zeigte ihnen, wo's langging,
wo's langging.

Und wenn sie in Seenot gerieten,
machten sie mit den Armen SOS,
man hätte sie für Semaphoren
halten können,
die Kumpel zuerst.

Beim Treffen der guten Kumpels
wurde selten einer versetzt;
wenn einer nicht an Bord war,
war er tot;
aber nie, niemals
wuchs Gras über sein Loch im Wasser;
hundert Jahre später wurde er
noch immer vermisst.

Schiffe hab ich viele genommen,
aber das einzige, das alles aushielt,
das nie gewendet hat,
nie gewendet hat,
schwamm gemächlich
auf dem großen Ententeich
und hieß *Die Kumpel zuerst,
Die Kumpel zuerst.*

LOTHAR-GÜNTHER BUCHHEIM

Das Boot, 1973

23. Seetag. Der Wind hat aufgefrischt. Das Meer ist ein riesenhaftes Brandungsfeld geworden. Die Seen gehen nicht sehr hoch, und doch bricht sich jede See. Davon sieht das Meer weißgrau und greisenhaft aus.

Der Himmel ist immer noch trübe, ein einförmiges graues Tuch, das dicht über unseren Köpfen ausgespannt ist. Und nun senkt sich aus dem grauen Tuch an Steuerbord auch noch eine tief durchhängende Regengardine herab. Durch die senkrecht ziehenden Fransen schimmert nur noch dicht über der Kimm ein bisschen bleiche, weiße Helligkeit hindurch. Die Regenwand ist schiefergrau mit einer Spur Violett darin. Dunst treibt wie Nebel nach allen Seiten von ihr ab. Weil die Regenwand sich langsam direkt auf das Boot zuschiebt, lässt der Kommandant sein Ölzeug und seinen Südwester heraufreichen. Er flucht Stein und Bein.

Schon stehen wir in berstendem Regen. Es gibt keine Atmosphäre mehr. Die Regengeißel schlägt den Seen ihre Striemen ein. Die Seen machen den Rücken krumm. Sie wagen kein Hochrucken, kein noch so kleines Leuchten mehr. Nur der heftig eintauchende Bug reißt sie auf und fetzt Spritzwasser hoch. Regenströme und Spritzwasserwürfe mischen sich auf unseren Gesichtern.

Von oben niederprasselndes Wasser, von unten hochgefetztes Wasser. Salziges und süßes. Fallen überhaupt noch einzelne Tropfen? Das sind ja Güsse wie aus riesigen Kübeln, die jetzt auf uns herabstürzen.

Das glasige Grün der Seen ist erloschen. Die weißen Adern sind verschwunden. Das Meer ist um hunderttausend Jahre gealtert. Es ist grau, elend, pockennarbig.

Kein Schimmer, keine Farbe. Nichts als gleichförmiges, die Seele vergiftendes Grau.

Die Brückenposten stehen wie Felsblöcke, über die sich der Himmel ausschüttet. Zu sechst versuchen wir die Regenwände zu durchdringen. Gläser können wir nicht mehr gebrauchen – die würden sofort verschlieren. Nirgends mehr eine Spur von Licht. Es ist, als wolle der Regen uns ersäufen.

Erst am Abend lässt die wilde Heftigkeit des Niederrauschens nach. Bis der Regen ganz aufhört, wird es Nacht.

MARCEL PROUST

Das Meer, 1892

Das Meer wird immer diejenigen faszinieren, die sich,
bevor sie noch den ersten Kummer erlebten, vom
Leben angewidert und vom Mysterium angezogen
fühlen, als Vorahnung, dass die Wirklichkeit sie nicht
werde befriedigen können. Sie, die der Ruhe bedürfen,
bevor sie noch jemals Mühsal erfahren haben, das Meer
wird sie trösten, wird sie in dunkle Erregung verset-
zen. Es trägt nicht wie die Erde die Spuren der Werke
der Menschen und des menschlichen Lebens. Nichts
hat in ihm Bestand, alles durchzieht es nur flüchtig,
und wie schnell verschwindet doch die Schaumspur
der Schiffe, die es durchkreuzen! Daher rührt jene
große Reinheit des Meeres, die den Dingen der Erde
fehlt. Und dieses jungfräuliche Wasser ist viel, viel
zarter als die hart gewordene Erde, die sich nur mit
einer Hacke aufbrechen lässt. Schon die Schritte eines
Kindes im Wasser ziehen mit hellem Geräusch eine
tiefe Furche, und seine homogene Tönung bricht sich
für einen Augenblick; dann verschwinden alle Spuren,
und das Meer ist wieder ruhig geworden wie an den
ersten Tagen der Welt. Derjenige, der der Wege der
Erde überdrüssig ist oder voraussieht, bevor er sie
noch beschritten hat, wie rau und gewöhnlich sie sind,
wird der Versuchung der bleichen Bahnen des Meeres
nicht widerstehen, die gefährlicher sind und sanfter,
ungewiss und öde. Alles ist dort geheimnisvoller, bis

hin zu den großen Schatten, die manchmal friedlich über die kahlen Gefilde des Meeres treiben, wo es keine Häuser gibt noch Schatten spendendes Laub, und die die Wolken dorthin werfen, diese himmlischen Weiler, dieses vage Geäst.

Das Meer hat den Zauber der Dinge, die auch nachts nicht schweigen, die unserem unruhigen Leben erlauben zu schlafen, die versprechen, dass nicht alles zu nichts werden wird, wie die Nachtlampe der kleinen Kinder, die sich weniger allein fühlen, wenn sie leuchtet. Es ist nicht wie die Erde vom Himmel geschieden, ist immer im Einklang mit seinen Farben, erregt antwortet es schon seinen zartesten Tönen. Es erstrahlt unter der Sonne, und jeden Abend scheint es mit ihr zu sterben. Und wenn sie verschwunden ist, fährt es fort, ihr nachzutrauern, etwas von ihrer lichtvollen Erinnerung zu bewahren, vor dem Angesicht der eintönig finsteren Erde. Es ist der Augenblick seiner melancholischen und so sanften Spiegelungen, dass man bei ihrem Anblick spürt, wie das Herz schmilzt. Wenn es fast völlig Nacht geworden ist und der Himmel finster über der in Schwärze getauchten Erde steht, leuchtet es noch schwach, man weiß nicht durch welches Mysterium, durch welche Reliquie des Tages, die in seinen Fluten begraben liegt.

Es erfrischt unsere Einbildungskraft, denn es lässt uns nicht an das Leben der Menschen denken, und es erfreut unsere Seele, denn es ist wie sie unendliches und ohnmächtiges Streben, sich aufschwingende und immer wieder gebrochen hernieder sinkende Kraft, ewige und sanfte Klage. So bezaubert es uns wie die Musik, die nicht wie die Sprache die Spur der Dinge trägt, uns nichts von den Menschen sagt, aber die Bewegungen unserer Seele nachahmt. Wenn unser Herz sich in diesen Wellen aufschwingt und mit ihnen zurückfällt, dann vergisst es seine eigene Schwäche und tröstet sich in der innigen Harmonie zwischen seiner Traurigkeit und der des Meeres, die sein Geschick mit dem der Dinge vereint.

Die Arbeiter des Meeres, 1866

Gilliatt hatte seinen Arm in das Loch gesteckt und der Krake hatte ihn geschnappt. Hielt ihn fest.

Er war die Fliege dieser Spinne.

Gilliatt stand bis zum Gürtel im Wasser, die Füße versuchten krampfhaft Halt auf den runden, glatten Kieseln zu finden, der rechte Arm war durch die flachen Riemen des Kraken fest verschnürt und niedergerungen, und der Rumpf verschwand fast unter dieser grässlichen Bandage mit ihren Windungen und Überkreuzungen.

Von den acht Armen des Kraken hingen drei am Felsen fest und fünf an Gilliatt. So war der Krake auf der einen Seite am Granit, auf der anderen Seite am Menschen verklammert; er kettete Gilliatt gleichsam an den Felsen. Gilliatt hatte 250 Saugnäpfe auf seinem Leib. Verknüpfung von Angst und Ekel. Von einer Riesenfaust gequetscht werden, deren elastische Finger von fast einem Meter Länge auf der Innenseite lebende Pusteln tragen, die sich einem ins Fleisch wühlen (…). Gilliatt hatte kein anderes Hilfsmittel als sein Messer.

Er hatte nur die linke Hand frei, aber bekanntermaßen vermochte er sie so wirkungsvoll zu gebrauchen, dass man hätte meinen können, er besäße zwei rechte Hände.

In dieser Hand hielt er das geöffnete Messer (…)

Er sah den Kraken an und dieser ihn.

Plötzlich löste das Untier seinen sechsten Fühlarm vom Felsen und, ihn auf Gilliatt schleudernd, versuchte er ihn am linken Arm zu packen.

Gleichzeitig schob er rasch seinen Kopf vor. Eine Sekunde später würde sich sein Aftermund auf Gilliatts Brust pressen. An den Seiten ausgeblutet und an den Armen geknebelt, wäre er ein toter Mann.

Aber Gilliatt war wachsam. Wie er belauert wurde, lauerte er selbst.

Er wich dem Fühlarm aus, und in dem Augenblick, als das Tier in seine Brust beißen wollte, sauste seine bewaffnete Hand herab.

Es gab zwei zuckende Bewegungen in entgegengesetzte Richtungen, die des Kraken und die von Gilliatt.

Es war wie der Kampf zweier Blitze.

Gilliatt stieß die Spitze seines Messers in den flachen Schleimkörper, und mit einer Kreisbewegung, die der Drehung bei einem Peitschenhieb glich, machte er einen runden Schnitt um die beiden Augen und riss den Kopf heraus, wie man einen Zahn herausreißt. Es war vorbei.

Das ganze Tier sackte in sich zusammen.

Es glich einem herabfallenden Wäschestück. Da die Atempumpe zerstört war, war auch die Wirkung des Vakuums dahin. Die 400 Saugnäpfe lösten sich gleichzeitig von Gestein und Mensch. Dieser Lumpen trudelte auf den Meeresgrund.

Gilliatt, der noch vom Kampf keuchte, konnte auf den Kieseln zu seinen Füßen zwei unförmige Gallerthaufen gewahren; hier war der Kopf, dort der Rest des Tieres. Wir sagen absichtlich »Rest«, denn von einem Körper könnte man nicht sprechen.

Gilliatt jedoch begab sich aus der Reichweite der Tentakel, da er die Zuckungen des Todeskampfes fürchtete.

Aber das Tier war mausetot.

Gilliatt klappte sein Messer zusammen.

JULIEN GRACQ

Witterungen, 1867

Das Meer ist natürlich das überwältigende und noch wechselhaftere Schauspiel, zu dem sich die – von ihm durchdrungene und zerklüftete – Erde von allen Seiten hinabstürzt: Das Küsteninnere steht meilenweit noch unter seinem Zeichen: Ar Mor. Ein mehr als ernstes Meer, das noch seine am wenigsten beruhigenden Attribute besitzt, auf dem die Rettungsboote ständig im Einsatz sind und die *Société des Hospitaliers et Sauveteurs bretons* alles andere denn arbeitslos ist. Ein Meer, das noch eine Fee ist, und mitunter eine böse Fee, trächtig mit Wundern wie damals, als es steinerne Tröge oder das schwarze Segel des Tristan von Loonnois ans Gestade trieb. Man muss es in den tiefen Winternächten hören, wenn das Grollen an den Felsen von La Torche, in fünfundzwanzig Kilometern Entfernung, noch vage die nassen Gassen von Quimper weckt, als übten die Artilleristen. Und wer es oft gesehen hat, auf den wilden Landspitzen von Pois oder Raz, oder in Penmarc'h, wo es tobend die fernen Dächer mit dem matten Schnee gepeitschter Gischt bedeckt, oder von der Reede von Brest nach Roscanvel, wo es an merkwürdigen japanischen Ufern schlummert, unter den Sonnenaufgängen in Morgat, oder tanzend, nackt und trunken in seinen sehr schönen Fels- und Gischtgärten in Ploumanac'h, der wird es anderswo nicht mehr wirklich sehen wollen.

JOSHUA SLOCUM

Allein um die Welt, 1898

2700 Meilen Distanz in 23 Tagen, ohne dass ich von Land zu Land länger als eine Stunde am Ruder war. Kein anderes Schiff der Geschichte brachte je unter ähnlichen Umständen über eine so lange und ununterbrochene Reisestrecke das gleiche Kunststück zustande. Und dabei war es eine angenehme Sommersegelei. Niemand kann die Freude nachempfinden, die man erlebt, wenn man frei und ungebunden über die großen Ozeane segelt – nur die vielleicht, die selber die gleiche Erfahrung gemacht haben. Wenn man diese größte Freude, die Freude, um die Welt zu segeln, erleben will, dann braucht man nicht allein zu segeln, obwohl hier auch damit für mich sehr viel Spaß verbunden war, weil es zum ersten Mal geschah (…)

Jungen Leuten, die über eine solche Reise nachdenken, möchte ich sagen: Tut es! Die Geschichten von der Härte der Seefahrt sind zum größten Teil Übertreibungen wie auch die Geschichten von den Gefahren der See. Ich hatte eine gute Lehrzeit auf den so genannten »harten Schiffen« im harten »Westlichen Ozean«, und ich kann mich nicht daran erinnern, dass ich in all den Jahren dort auch nur einmal »aus den Schuhen gekippt« bin. Solche Erinnerungen haben mich nur noch besser gelehrt, die See zu lieben (…)

Gefahren gibt es sicher auf See wie an Land. Doch Verstand und Geschicklichkeit, die Gott den Menschen gegeben hat, reduzieren sie auf ein Minimum. Und auch das gut gebaute Schiff, das wert ist, damit die Meere zu befahren, spielt dabei eine Rolle.

»*Mit unerträglicher, unendlicher Anstrengung plagten sie sich ab, als würden sie von einem bösen Traum getrieben. Bald erglühten ihre Körper wie im Fieber, bald zitterten sie vor Kälte.*«

JOSEPH CONRAD

Die Arbeiter des Meeres

BERNHARD KELLERMANN

Das Meer, 1918

»Man ist Kapitän, hat seine hundertundzwanzig Franken monatlich, man hat sein Weinchen, seine Zigarre und eine Couchette zum Schlafen. Was willst du noch mehr? Man hat das Gröbste hinter sich. Ah, das Furchtbarste, weißt du, he, was das Furchtbarste ist? Lege mir zehntausend Franken auf den Tisch – nein, nie mehr! Ich habe zwei Campagnen mitgemacht. Das ist ein Leben für Hunde, für Schweine!«

»Wovon faselst du denn?«

»Idiot, du hörst wohl nicht? Ich rede von St. Pierre, beim Teufel! Fünfzigtausend Stockfische, achtzigtausend in einer Campagne. He, mein Lieber! Das Schiff ist von oben bis unten mit Salz angefüllt und die Arbeit beginnt. Fische, Fische, nichts als Fische! Du schläfst, du bist todmüde, pique! pique! auf! Die Fische sind da. Du fährst in die Hosen. (Hier fuhr man in die Hosen und rieb sich den schweren Schlaf aus den Augen.) Hinaus in die Kälte, brrr! Du schlotterst nur so und legst die Angel aus und ziehst sie ein und schläfst dabei. (Man legte die Angel aus, zog und schlief dabei.) Plötzlich – tsch! – ein Walfisch

kommt daher und verjagt die Fische. Du legst dich aufs Ohr. Pique, pique! O, gehe in die Hölle! Da stehst du Tag und Nacht, im Nebel, im Sturm, im Schnee und fischst. Oder du schneidest die Köpfe ab, tausend Köpfe an einem Tag, zweitausend. Am Tisch ist ein langer Nagel, da hinein stößt du den Fisch und schneidest ihm eins, zwei den Kopf ab. Du reißt die Leber heraus, ins Fass, die Gedärme wirfst du ins Meer. Links und rechts vom Schiff tänzelt ein Haifisch und schnappt und frisst alles, denn der Haifisch ist nichts als ein Schwein. Oh, was für ein mörderischer Gestank. Die Leber riecht, die Fische stinken, das ganze Schiff stinkt von oben bis unten wie faule Fische (…)

He! Entkorke eine neue Flasche, wir müssen trinken! Das ist eine niederträchtige See heute! – Zu fressen bekommst du bei den Bänken nichts. Übel kann dir werden. Zwei Kartoffeln und grüne Erbsen, am Sonntag ein Stückchen Speck, winzig, und ein Glas Wein. Der Speck wird verlost, wie beim Pfänderspiel die Pfänder. Wem soll dieses Stück gehören? Sonst würde es Streitigkeiten geben, denn alle sind wild vor Hunger wie Wölfe. Man hasst sich auch, nach ein paar Monaten hasst man seinen besten Freund. Geh mir aus dem Weg, du Fratze! Ah, was für ein Leben! Während der ganzen Campagne wäscht sich kein Mensch mehr, wozu? Kommen schöne Mädchen an Bord? Aber vor der Heimreise geht es nach St. Pierre, um Einkäufe zu machen. Alles geht an Land und wäscht sich. Lauter neue Gesichter! Eine neue Equipage, he? Bon jour, messieurs!

Viele aber reisen nicht heim, mein Freund. Es rentiert sich nicht, als Leiche zu Hause anzukommen.«

Fischer, 1881

Ihr kennt ja alle den einförmig flachen Küstenstreifen, wo Tag und Nacht der Wind durch den Stechginster pfeift, wo hier und da, hoch aufgerichtet oder breit hingelagert, jene mächtigen Steine sich finden, die eine Riesenhand dort hingestreut hat und die noch heute mit ihrer Stellung, ihrer Eigenart, ihrer gesamten Gestalt unheimlich wirken. Mir ist immer, als müssten sie Leben annehmen, als sähe ich sie über das Land hin schreiten, langsam und schwer, mit dem Schritt granitener Ungeheuer, oder als müssten sie mit riesigen Flügeln, mit Schwingen aus Stein, aufsteigen zum Paradies der Druiden.

Und am Horizont nichts als Meer, das stürmische Meer, voller Klippen mit schwarzen Kuppen, immer umgeben von schäumenden Wogen wie von zähnefletschenden Hunden, die gierig auf die Fischer warten.

Und sie, die Männer, wagen sich hinaus auf dies schreckliche Meer, das ihre Boote mit einem Ruck seines grün schimmernden Rückens umwirft und schluckt wie Pillen. Tag und Nacht fahren sie in ihren kleinen Fahrzeugen hinaus, keck, verwegen und berauscht. Ja berauscht, oft sind sie es wirklich! Sie sagen: »Ist das Fläschchen voll, sieht man die Klippen; ist das Fläschchen leer, sieht man sie nicht!«

Wenn ihr in eine Fischerhütte kommt, werdet ihr nie den Vater antreffen. Und fragt ihr die Frau, wo der Mann ist, dann deutet sie mit der Hand nach dem Meer, das draußen grollt und seinen weißen Geifer an die dunkle Küste speit. Eines Abends, an dem er ein wenig zuviel getrunken, ist er draußen geblieben. Der älteste Sohn auch. Sie hat noch vier Jungen, vier große, kräftige Burschen. Auch sie werden an die Reihe kommen.

Die See, die Fische und der Mensch, 1971

»Wir werden es an Backbord ablassen«, hatte der Kapitän gesagt, als er Fahrt wegnahm, um besser loten zu können.

Und so geht der Bootsmann nach Backbord hinüber. Joyaux, Néro und Dréan sind schon dort. Sie fieren das Schleppnetz ab, und das Schiff dreht sich in den Wind. Der Zigeuner steht an der Winde. Die Stimme des Kapitäns ruft die Tiefe aus.

»Weiter fieren ... sechshundert Meter ...«

Die Trommeln drehen sich. Das Gerät taucht ein. Es wird nicht geschrien und nicht geflucht. Eine homogene Crew. Absolute Profis. Jeder Handgriff sitzt, jedes Wort ist überflüssig. Und ein falscher Handgriff kann leicht das Leben eines Mannes kosten.

Das Manöver dauert zwanzig Minuten, dann kommt das Gerät auf dem Grund auf. Dort wird es bleiben, mit geöffnetem Schlund und dem Bauch am Boden; was folgt, ist sein Metier. Es soll Fische verschlingen und wird dabei den Grund und viele Tiere vernichten; es verweilt tief unten in absoluter Dunkelheit. Und wir befinden uns darüber.

Die Jungs ziehen sich zurück, nur Joyaux harrt aus und bewacht die Winde.

Die Tür im Schanzkleid an Backbord bleibt offen. Man muss die Eisenklauen im Auge behalten, welche die Stahltrossen des Netzes führen. Das Boot muss nur einmal zu stark überholen, das Netz sich kurz am Grund verhaken, und schon rutscht die Trosse von der Winde. Der Bootsmann spitzt deshalb die Ohren und beobachtet alles sehr genau (...)

Dréan hat das Ruder übernommen. Trotz seiner augenscheinlichen Gelassenheit ist er höchst aufmerksam. Weil er um die Gefahren weiß. Eine gedankenlose Geste kann den Verlust des Netzes oder eines Mannes bedeuten. Hundert Kilo Mensch und 30 000 Kubikmeter durch den Rumpf verdrängtes Wasser halten das Schiff schwimmfähig.

RUDYARD KIPLING

Fischerjungs, 1896

Jeder Zoll des Schoners sang seine eigene Melodie. Die schwarze Masse des Kochs balancierte in der winzigen Kombüse, im rötlichen Schein des Kochherds, und die Töpfe und Pfannen klapperten in ihren hölzernen Gestellen bei jedem Überholen. Wieder und wieder hob sich der ganze Raum unter Seufzen und Stöhnen, um, wie eine Garbe unterm Sensenhieb, wieder in die See zu sinken. Man konnte den Bug förmlich einschneiden hören, und es dauerte jedes Mal eine Weile, bis das zerteilte Wasser wie eine Salve Rehposten auf Deck niederprasselte. Dann kam der weiche Ton des Ankertaus in seiner Klüse; das Quietschen des Spills; ein Schaukeln, ein Schwingen, ein Stoßen (…)

Die Sonne stand klar am Horizont, die Sonne, die sie fast acht Tage nicht gesehen hatten, und das rote Licht des Morgens fiel in die Toppsegel von drei Fischerflotten, die da vor Anker lagen, eine im Norden, eine im Westen, eine im Süden. Es mochten an die hundert Schoner sein von jeder möglichen Bauart und Form, weit weg ein quer getakelter Franzose, alle sich verneigend und einander begrüßend. Aus jedem Boot schwärmten Jollen aus, wie Bienen aus einem überfüllten Stock, und das Stimmengewirr, das Knarren der Taljen und Blöcke und das Aufklatschen der Ruder scholl meilenweit über das wogende Wasser. Die Segel zeigten alle Farben von Schwarz, Perlgrau und Weiß in der aufsteigenden Sonne, und immer mehr Boote tauchten südlich aus dem Nebel auf.

Die Jollen sammelten sich zuhauf, trennten sich, schlossen sich wieder zusammen, trieben wieder auseinander, dabei immer die gleiche Richtung einhaltend, während die Mannschaft rief und pfiff und spottete und sang und das Wasser mit Abfall gesprenkelt war.

PIERRE LOTI

Ein Seemann, 1893

Auf See. Ringsum Leere, die unendliche blaue Weite der See. Oben das Rigg mit den weißen Segeln und dem rotbraunen Tauwerk, das nach Teer riecht und zur Domäne von Jean und seinen Mastwächtern gehört – eine fabelhaft organisierte Maschinerie, die fast lebendig erscheint, in der jeder kleinste Nerv einen Namen, eine Funktion und ein Leben besitzt; und darin tobt die *Mannschaft*, das heißt hundert oder mehr Männer, bunt zusammengewürfelt, deren Namen schnell zu Nummern verkommen sind, und deren Persönlichkeit auf ihre Aufgaben reduziert wird. Ihre Individualität müssen diese jungen, einfachen Männer, die hier an Bord und damit abgeschieden vom Rest der Welt leben, zurückhalten, so wie es auch in einer religiösen Gemeinschaft üblich ist; ihre täglichen Sorgen beschränken sich auf die Frage, ob das Manöver gut und vor allem schnell gegangen ist, ob das Log zur richtigen Zeit abgefiert wurde, oder ob sie am Abend das Reff richtig eingebunden haben. Jeder Einzelne in diesem gewissenhaft zusammenwirkenden Ganzen begnügt sich damit, seine ganz spezielle und ewig gleiche Aufgabe zu tun: Er erzeugt körperliche Kraft, die er an diesem oder jenem präzisen Ort anwendet; er ist die leibhaftige Verantwortung, die genau eine spezielle Leine streckt, und niemals eine andere; er ist außerdem die Hand, die jeden Tag zu einer bestimmten Zeit den einen hölzernen Block oder die eine Eisenöse säubert und wieder auf Hochglanz poliert; geradezu automatisch führt er all jene Handgriffe aus, die andere vor ihm – ebenfalls Unbekannte, welche die gleiche Nummer waren – in den gleichen Momenten und an den gleichen Orten ausgeführt hatten. In dieser absoluten Verleugnung ihres freien Willens führt das gesunde, körperlich anstrengende Leben zur Kräftigung ihrer Muskulatur, verleiht ihnen eine oberflächliche Lustigkeit, verhilft ihnen zu einem beschwingten Wesen, und lässt sie zu jeder beliebigen Tages- oder Nachtzeit, sobald die schrille Pfeife sie gerade nicht zum Manöver ruft, auf der Stelle in einen tiefen und ruhigen Schlaf fallen.

JOSEPH CONRAD

Der Nigger von der NARZISSUS, 1897

Sie gingen mit unsicheren, krampfhaften Bewegungen nach oben. Es schwindelte ihnen, wenn sie sich weitertasteten und einen neuen Halt suchten. Blindlings traten sie, als wäre es dunkel, auf die Rahen hinaus, und mit der gleichen Fahrlässigkeit vertrauten sie sich dem ersten besten Tau an. Sie waren völlig erschöpft, und der matte Schlag ihrer Herzen wurde nicht schneller, wenn sie mit knapper Not einem Sturz entgingen. Das Toben der kochenden See weit unter ihnen klang unaufhörlich wie ein schwaches undeutliches Geräusch aus einer anderen Welt zu ihnen herauf. Der Wind trieb ihnen die Tränen in die Augen und versuchte sie von ihren unsicheren Plätzen zu wehen. Mit vor Nässe triefenden Gesichtern und wehendem Haar flogen sie zwischen Himmel und Erde auf und nieder: rittlings auf den Rahnocken sitzend, auf Fuß-pferden hockend, Toppnanten umarmend, um die Hände frei zu haben, oder aufrecht bei den eisernen Ketten der Drehreeps stehend. Ihre Gedanken schwankten unsicher zwischen dem Wunsch zu leben und dem Wunsch nach Ruhe, während sie mit steifen Fingern Nockbändsel lösten, tastend nach ihren Messern suchten oder sich mit den Händen zäh im heftig schlagen-den Segeltuch festkrampften. Sie sahen sich mit wilden Blicken an, fuchtelten mit einer Hand Zeichen gebend umher, während sie in der andern ihr Leben hielten. Sie sahen auf den schma-len Streifen überfluteten Decks hinab und schrien nach Lee hinüber: »Hol auf! Hol aus! Mach fest!« Ihre Lippen bewegten sich, und die Augen traten ihnen vor Anstrengung aus dem Kopf in dem Bemühen, sich gegenseitig verständlich zu machen; doch der Wind trieb ihre Worte ungehört in die aufgewühlte See hinaus. Mit unerträglicher, unendlicher Anstrengung plagten sie sich ab, als würden sie von einem bösen Traum getrieben. Bald erglühten ihre Körper wie im Fieber, bald zitterten sie vor Kälte.

Der alte Mann und das Meer, 1952

Dann blickte er sich um und sah, dass kein Land zu sehen war. – Das macht keinen Unterschied, dachte er. Ich kann immer mithilfe des Lichtscheins über Havanna reinkommen. Es sind noch zwei Stunden, ehe die Sonne untergeht, und vielleicht kommt er vorher herauf. Wenn er es nicht tut, kommt er vielleicht mit dem Mond herauf. Wenn er das nicht tut, kommt er vielleicht bei Sonnenaufgang herauf. Ich habe keinen Krampf und fühle mich stark. Schließlich hat er den Haken im Maul, nicht ich. Aber was für ein Fisch, der so zieht! Er muss das Maul fest über dem Draht zugeklemmt haben. Ich wünschte, ich könnte ihn sehen, um zu wissen, was ich gegen mich habe.

Der Fisch änderte während der ganzen Nacht nicht einmal Kurs und Richtung, soweit es der Mann nach dem Stand der Sterne beurteilen konnte. Es war kalt, nachdem die Sonne untergegangen war, und der Schweiß des alten Mannes trocknete kalt auf seinem Rücken und seinen Armen und seinen alten Beinen. Während des Tages hatte er den Sack, der den Behälter mit dem Köder zudeckte, genommen und ihn in der Sonne zum Trocknen ausgebreitet. Nachdem die Sonne untergegangen war, band er ihn sich um den Hals, sodass er jetzt über seinen Rücken hinab hing, und er bugsierte ihn behutsam unter die Leine, die jetzt quer über seine Schultern lief. Der Sack nahm wie ein Kissen den Druck von der Leine, und er hatte eine Art ausprobiert, sich vornüber in den Bug zu lehnen, sodass er es beinahe bequem hatte. Die Lage war tatsächlich nur einigermaßen weniger unerträglich, aber er fand es beinahe bequem.

Ich kann nichts mit ihm anfangen, und er kann nichts mit mir anfangen, dachte er. Nicht, solange er so weitermacht.

EGON ERWIN KISCH

Bei den Heizern des Riesendampfers, 1914

Keine Nachtruhe gibt es. Schon im Hafen wurden die unermeßlich großen Bunker außenbords gefüllt, ein ganzes Bergwerk versenkte sich donnernd hierher, achttausenddreihundertvierundsechzig Tonnen und noch eine Notreserve von vierhundertdreiundneunzig Tonnen – zwanzig Stunden brauchten die Kohlenelevatoren dazu. Dann begann für zweihundert Heizer und für zweihundert Trimmer das Kesseltreiben, die Arbeit, ihre eigene Werkstätte in eine Höllenlandschaft zu verwandeln. Hinab stürzt aus den Bunkern das schwarze Gestein in stählerne Schubkarren, die nun beladen zwischen den Kesseln schwanken. Es geht zu den Feuern. Die Glocke schrillt. Fünfmal in der Stunde schrillt sie. Das ist das Knurren des Magens, das ist das Zeichen zur Fütterung, das ist hier die Musik. Kohorten nackter Heizer greifen mit ihren Schaufeln in die Kohle und stoßen sie dem gierigen Tier zwischen die Lefzen. In beiden Unterkesseln, in den Röhren und bald auch im Oberkessel siedet das Wasser, Dampf wallt auf, und man hört, wie er oben im Maschinenraum die Speichen der Räder bewegt, wie die Turbinen, die vier Wellen und die vier Schrauben mit den Kräften von sechzigtausend Pferden zu atmen, zu leben und zu toben beginnen.

Die Gestalten am Ofen sind schwarz, schwarz wie alles ringsumher. Nur wenn sich das eiserne Gebiss des Kessels klaffend zu neuer Mahlzeit öffnet, wenn der Heizer mit der vier Meter langen Durchstoßbrücke das Feuer glatt über den Rost streicht oder wenn er mit der Schleuse alle vier Stunden die Schlacke aufbricht und Asche forträumt, dann fällt rotes Licht auf seine Stirn, nur dann sieht man weiße Streifen um seine Augen und an seinen Mundwinkeln, und man erkennt, dass diese Kohlenformation ein Mensch ist.

HERMAN MELVILLE

Redburn. Seine erste Reise, 1849

Schließlich war es heller Tag, und es kam der Befehl, das Deck zu schrubben. Eine große Tonne wurde auf die Kuhl geschleppt, und dann stieg einer von den Männern in die Püttings, schlüpfte in einen an den Wanten befestigten Gurt und begann, indem er sich hinüberlehnte, einen an einem langen Tampen befestigten Eimer ins Meer hinab zu schwingen. Auf diese Weise brachte er es mit Fachkenntnis und Handfertigkeit in sehr kurzer Zeit fertig, die Tonne zu füllen. Dann begann über das ganze Deck hinweg ein großes Wasserplantschen, und in mir stieg die Besorgnis hoch, ich würde sicher nasse Füße bekommen und mir eine tödliche Erkältung zuziehen. So ging ich zu dem Obermaat und sagte ihm, ich dächte, am besten ginge ich jetzt hinunter, bis diese grässliche Nässe vorüber sei, denn ich hätte keine wasserdichten Stiefel und eine Tante von mir sei an der Schwindsucht gestorben. Aber er brüllte mich nur an, ich solle mir einen Besen schnappen und mich ans Schrubben machen, sonst würde er mir eine schlimmere Schwindsucht besorgen, als meine arme Tante sie je gehabt habe. So schrubbte ich vorn und achtern drauflos, bis mir mein

Kreuz beinahe brach, denn die Besen hatten ungewöhnlich kurze Stiele, und man hatte mir gesagt, wir müssten feste schrubben.

Als schließlich das Schrubben zu Ende war, begann der Maat eimerweise Wasser herumzuschütten, um zum Schluss alles sauber zu spülen. Er musste das für einen feinen Spaß halten, genau wie der Anführer einer Feuerspritze es liebt, mit seinem Schlauchmundstück zu zielen, denn er ließ mich in einem fort mit vollen Wassereimern hinter sich her rennen und jagte bisweilen mit einer dauernden Flut einen kleinen Span über das ganze Deck, bis er ihn schließlich durch ein Speigatt ins Meer hinausbeförderte. Hätte er es mir gestattet, ich hätte ihn im Nu aufgelesen und, ohne ein Wort zu verlieren, über Bord geworfen. Aber er meinte, es sei reichlich und genug Wasser im Ozean, und das war nur zu richtig, aber ich, der ich mit den Eimern hinter ihm herlaufen musste, hatte nicht mehr Beine und Arme, als ich für meinen eigenen Gebrauch benötigte.

Mir schien dieses Deckschrubben die verrückteste Sache von der Welt zu sein, und überdies war es höchst unbequem. Es war schlimmer als das Großreinemachen meiner Mutter, das ich stets so verabscheute.

RAFAEL SABATINI

Aus dem Logbuch des Piratenkapitäns, 1922

Der Spanier gab jetzt von Steuerbord her eine Breitseite ab und besiegelte damit sein eigenes Schicksal. Die BONAVENTURE, die sich der Spitze voran näherte, bot ein schlechtes Ziel und trug, mit Ausnahme einer vollen Ladung in die Back, keinen Schaden davon. Easterling beantwortete das Feuer mit den Mörsern auf dem Schiffsvorderteil, indem er hoch zielte und die Decks des Gegners bestrich. Dann vereitelte die BONAVENTURE geschickt den plumpen Versuch des Spaniers, zu wenden und die gegenseitigen Stellungen zu wechseln und befand sich nun Flanke an Flanke mit dem Spanier, gerade neben den Geschützen, die ihre Munition verfeuert hatten. Prasselnde und dumpf dröhnende Geräusche erfüllten die Luft, das Kreischen des Tauwerks, das Krachen und Splittern von zerbrochenen Spieren, das Dröhnen der Enterhaken, die sich in die Spanten des Spaniers bohrten, um ihn festzuhalten; und schließlich trieben die beiden Fahrzeuge, dicht aneinander geschlossen, mit dem Wind, während die Seeräuber, geführt von dem vierschrötigen Easterling, wie Ameisen über die Planken des Spaniers krochen, nachdem sie noch eine Salve aus ihren Musketen abgegeben hatten. Zweihundert waren sie an Zahl, wilde Kerle in weiten Lederhosen, einige von ihnen mit Hemden bekleidet, die meisten aber entblößt bis zum Gürtel und gerade in ihrer braunen, muskulösen Nacktheit der denkbar Furcht erregendste Anblick.

JACK LONDON

Der Seewolf, 1904

Wir liefen weiter nach Norden und Westen, bis wir die japanische Küste erreichten und die großen Robbenherden fanden. Sie kamen durch den unendlichen Ozean – niemand wusste woher – auf ihren alljährlichen Wanderungen nach den Paarungsplätzen an der Beringsee. Und nach Norden fuhren wir, mordend und vernichtend, indem wir die geschundenen Körper den Haien überließen und die Häute einsalzten, damit sie später die schönen Schultern der Städterinnen schmücken konnten. Es war Massenmord. Niemand aß das Fleisch oder gebrauchte den Tran. Nach einem guten Jagdtag war das ganze Deck mit Fellen und Körpern übersät und schlüpfrig von Fett und Blut, durch die Speigatten floss ein roter Strom, und Masten, Tauwerk und Reling waren blutbespritzt. Die Männer verrichteten ihr Handwerk wie Schlächter mit bloßen, roten Armen und großen Messern in den Händen, um die schönen Seetiere, die sie getötet hatten, ihrer Felle zu berauben.

Ich hatte die Aufgabe, die Felle nachzuzählen, wenn sie von den Booten an Deck geschafft wurden, das Häuten und später die Säuberung des Decks zu beaufsichtigen. Es war keine erfreuliche Arbeit. Seele und Magen empörten sich dagegen. Und doch tat mir diese Arbeitsleistung und der Befehl über viele Männer gut. Meine Entschlossenheit entwickelte sich, und ich merkte, dass ich ausdauernd und abgehärtet wurde.

Walfang, 1946

Auf zum Walfang! Auf zum Walfang!
Sprach der Vater in erzürntem Ton
Zu Prosper seinem Sohn
Auf zum Walfang! Auf zum Walfang!
Du willst nicht mit
Warum?
Warum soll ich ein Tier erjagen
Das mir nichts getan?
Geh du Papa geh du es jagen
Du hast ja Spaß daran.
Ich bleib zuhaus bei meiner armen Mutter
Und bei dem Vetter Gaston.
Da fährt der Vater allein in seinem Fischerkutter
Aufs aufgebrachte Meer hinaus …
Nun ist der Vater auf dem Meer
Der Sohn zuhaus
Der Wal in Wut
Und nun verschüttet Vetter Gaston
Den Suppenteller mit der Bouillon
Das Meer war böse
Die Bouillon war gut
Und nun ist Prosper betrübt über seinen Verzicht
Auf den Walfang, ich bin nicht mitgegangen
Warum eigentlich nicht?
Vielleicht hätte man ihn gefangen

Und das gäbe ein leckeres Gericht!
Aber nun öffnet sich die Tür und triefend
wie ein nasser Kater
Erscheint der atemlose Vater
Auf seinem Rücken den Riesenfisch
Und schmeißt das Tier auf den Tisch,
Einen schönen Wal mit blauen Augen
Ein Tier wie man's nicht häufig trifft
Und sagt in kläglichem Ton
Zerleg ihn rasch, mein Sohn
Ich bin hungrig, ich bin durstig, ich will
essen.
Aber nun steht Prosper auf, der Sohn
Und schaut seinen Vater an
Schaut ihm ins Weiße der Augen
Ins Weiße der blauen Augen
Blau wie die des Wals mit den blauen
Augen:
Und warum soll ich ein Tier zerlegen, das
mir nichts getan?
Ich verzichte auf meine Portion,
Dann schmeißt er das Messer weg
Doch der Wal ergreift das Messer und
stürzt sich auf den Vater
Und durchbohrt ihn auf dem Fleck

Der Vetter Gaston sagt:

Ah, das erinnert mich an die Jagd, an die Schmetterlingsjagd,

Und nun,

Nun schreibt Prosper die Todesanzeigen aus

Die Mutter legt Trauer an

Um ihren bedauernswerten Mann

Und der Wal betrachtet mit feuchten Augen das Sterbehaus

Und ruft plötzlich aus:

Warum hab ich diesen armen Dummkopf umgebracht,

Hinfort machen die Anderen motorisierte Jagd

Und rotten meine ganze kleine Familie aus

Dann wendet er sich zur Tür wobei

Er beunruhigend lacht

Und sagt zur Witwe so nebenbei:

Madame, sollte jemand nach mir fragen

So wollen Sie ihm bitte sagen:

Der Wal ist ausgegangen

Nehmen Sie Platz

Warten Sie einen Augenblick

In etwa fünfzehn Jahren kommt er bestimmt zurück …

»Alles, was über Könige gesagt wurde,
lässt sich auch von den Fluten sagen.
Man gehört ihrem Volk an;
man ist ihre Beute.
Und erduldet, was sie delirieren.«

VICTOR HUGO

Die Launen der See

JOSEPH CONRAD

Jugend, 1911

Als ich an Deck ging, waren sie noch immer dabei, und meine Wache löste sie an den Pumpen ab. Im Licht der Lampe, die an Deck gebracht worden war, um den Peilstock ablesen zu können, tat ich einen Blick in die müden, ernsten Gesichter. Wir pumpten die ganzen vier Stunden hindurch. Wir pumpten die ganze Nacht, den ganzen Tag, die ganze Woche hindurch – Wache für Wache. Die Bark arbeitete sich lose und leckte stark – nicht so stark, um uns auf der Stelle zu ertränken, doch stark genug, um uns mit der Pumparbeit umzubringen. Und während wir pumpten, entglitt uns das Schiff stückweise: Das Schanzkleid ging über Bord, die Stützen wurden herausgerissen, die Ventilatoren zerschlagen, die Kammertüren eingedrückt. Kein trockenes Fleckchen war mehr auf dem Schiff. Stück für Stück wurde es ausgeweidet. Das Großboot verwandelte sich dort, wo es in seinen Bootsklampen stand, wie durch Zauberei in Kleinholz. Ich hatte es selbst festgezurrt und war stolz auf meiner Hände Arbeit gewesen, die dem Grimm der See so lange standgehalten hatte. Und wir pumpten. Und das Wetter änderte sich nicht. Das Meer war weiß wie ein Laken aus Gischt, wie ein Kessel

174

siedender Milch; die Wolken rissen nirgends auf, nein – keine Handbreit – nicht für zehn Sekunden. Für uns gab es weder Himmel noch Sterne, noch Sonne, noch ein Universum – nichts als zornige Wolken und eine wütende See. Wir pumpten Wache für Wache, pumpten ums liebe Leben; und es schien Monate so weiterzugehen, Jahre, in alle Ewigkeit: als wären wir schon gestorben gewesen und in die Hölle der Seefahrer niedergefahren. Wir vergaßen den Wochentag, den Monat, vergaßen, was für ein Jahr es war und ob wir je an Land gewesen. Die Segel flogen davon, das Schiff lag beigedreht nur mit einem Schauerkleid im Besanwant; der Ozean ergoss sich über die Bark, und wir kümmerten uns nicht darum. Wir drehten die Kurbeln und hatten Augen wie Schwachsinnige. Sobald wir an Deck gekrochen waren, pflegte ich ein Tau um die Männer, die Pumpen und den Großmast zu legen, und wir drehten, pumpten unablässig, während uns das Wasser bis zum Gürtel, zum Hals reichte, über unseren Köpfen zusammenschlug. Es war uns alles gleich, wir hatten vergessen, wie es war, wenn man sich trocken fühlt.

ALFRED LICHTWARK

Eine Sommerfahrt, 1904

Langsam kreuzten wir von Kopenhagen weg. Es war, als sollten wir Zeit haben, das bunte Bild in Ruhe zu genießen. Aber als wir den Sund verließen, kam bei hellem Sonnenschein ein guter Wind auf, und wir hatten unvergleichlich schöne Stunden. Auf dem Segelschiff hat man erst die Empfindung für die Fahrt. Man ist in viel innigerer Berührung mit dem Wasser. So in der Sonne auf dem Heck zu liegen, zu plaudern, zu träumen oder Kielwasser und Wellen zu beobachten, den Matrosen zuzusehen, wenn das Schiff über Stag geht, das Spiel des Lichts auf den weißen Segeln und den weißen Gewändern der Matrosen zu verfolgen, das löst gründlich vom gewohnten Dasein los. Das Leben liegt so fern und weit, dass man nicht weiß, wie man einmal wieder anknüpfen soll (…)

Himmel und Meer – wir haben nur eine kleine Ecke eines kleinen Binnenmeeres durchmessen, denn was sind Entfernungen von Kiel nach Kopenhagen und von dort nach Bornholm und Rügen für uns? Aber auf dem Heck oder hoch zu Luv liegend, wenn zu Lee die Wellen über das Bollwerk spülten, waren wir in unserem Gefühl so weit von dem Ort, wo unsere Geschäfte ihren Lauf nahmen, dass der Blick vom Stillen Ozean uns kaum ferner geschienen hätte. Nichts löst, nichts trennt, nichts fernt wie eine Seefahrt.

Schwerwettersegeln, 1967

Kurz nach 23.00 Uhr gab es einen heftigen Krach, dem ein fremdartiges Geräusch von rasch sich ergießendem Wasser folgte. In der Kajüte wurden Arnaud und ich quer auf die andere Seite geschleudert. Ich öffnete die Niedergangsklappe und blickte hinaus. Der Kamm einer See war an Deck gebrochen; George war von der Pinne weg über das Brückendeck geschleudert worden, und das Cockpit stand halb voll Wasser. Das ungewohnte Geräusch war durch das Wasser verursacht, das in dichten Strömen durch die Entwässerungsrohre des selbst lenzenden Cockpits abfloss. An Deck herrschte bei dem Heulen des Windes, dem Tosen der See und dem Prasseln des Regens ein Höllenlärm (…)

Selbst unter bloßem Mast lief die MARY AIDAN zu schnell. Nach Georges Schätzung machte sie immer noch über 5 Knoten. Ich eilte wieder unter Deck, schloss die Niedergangstür sorgfältig hinter mir dicht, kroch nach vorn in die Vorpiek und holte eine 50 m lange Schlepptrosse heraus. Als ich sie durch die Niedergangstür nach draußen gewuchtet hatte, stieg ich zurück ins Cockpit und befestigte das eine Ende an einer mächtigen Klampe, deren massive Schwere schon oft bespöttelt worden war. Das andere Ende fierte ich meterweise über das Steuerbordheck aus. Das stützte die Yacht sofort. Darauf übernahm ich von George das Ruder und band es, ein wenig nach Steuerbord gelegt, fest. Die Yacht lag jetzt einen Nordkurs an und nahm die Seen von Backbord achtern.

Unter Deck war es schwer, sich vorzustellen, was für ein wildes Schauspiel wir an Deck zurückgelassen hatten. Die elektrische Beleuchtung erhellte den Raum und verlieh ihm einen häuslichen Frieden, der in seltsamem Kontrast zu den grimmigen Verhältnissen stand, die draußen herrschten. Die Bewegungen waren nicht so schlimm, wie man hätte erwarten können. Der Winddruck auf den Mast stützte das Schiff; es stieg und fiel zwar jeweils ein erhebliches Stück, aber es geschah weniger heftig als zuvor. Gewiss musste man überall einen festen Halt suchen, aber hier ist ein Vorzug kleiner Schiffe: Immer kann man sich mit einer Hand gegen die Decke stemmen und läuft nie Gefahr, durch einen großen offenen Raum geschleudert zu werden. Es war auch möglich, sich auf den Kojen auszustrecken, die Kojensegel aus Leinwand hochgezurrt, um nicht herauszufallen. Das Schlimmste von allem war wahrscheinlich der

Lärm – Gegenstände arbeiteten sich los, Kochgeschirre klapperten und überall ein Durchein-
ander von Sachen, die sich selbständig gemacht hatten (…)

Das allgemeine Getöse wurde noch übertönt von dem Zischen rauschend verströmenden Was-
sers, wenn die aus der Nacht aufsteigenden Seen auf die Yacht herabstürzten. In Abständen
erfolgte ein dumpfer Schlag, wenn eine massive Ladung Gischt in das Cockpit schlug, gefolgt
von dem gurgelnden Geräusch des Wassers, das sich durch die Lenzrohre den Weg zurück ins
Freie suchte.

A. BRIX

Bootsbau, 1874

Die Außenhaut von Booten wird auf sehr verschiedene Weise hergestellt. Eine für kleinere Boote besonders verbreitete Beplankung ist der »Klinkerbau«. Bei sorgfältiger Ausführung werden hierbei auch die gewachsenen oder gebauten Spanten ausgeklinkt. Die Plankenbreite wird mit Rücksicht auf die verwendete Holzart, auf das Schwinden des Holzes beim Trocknen, auf gutes Aussehen je nach der Größe des Bootes gewählt und schwankt von etwa 8 cm bei kleinen Booten bis 16 cm bei größeren. Die Planken werden auf dem mittleren Spant gleichmäßig eingeteilt und nach den Enden zu gleichmäßig verjüngt. Je zwei benachbarte Planken werden in der Überlappung oder »Lannung« passrecht gegeneinander abgeschrägt. Meistens wird nur die Oberkante der unteren Planke abgeschrägt. An den Steven wird die Lannung sauber ausgeschärft, sodass die Planken in der Stevensponung Kante auf Kante übereinander stehen. Die Planken werden zunächst genau von Dicke gehobelt, annähernd von Form geschnitten, im Dampfkasten, falls nötig, weich gemacht, dann von der Mitte nach den Enden zu angebracht und vorläufig befestigt. Dabei wird mit der untersten Planke, dem Kielgang, begonnen. Erforderliche Veränderungen werden mit Bleistift vermerkt. Nach dem Erkalten wird die Planke abgenommen, nachgearbeitet und namentlich an den Sponungen sauber eingepasst. Lannungen und Sponungen erhalten bei größeren Booten Zwischenlagen aus Teerpapier oder Teer und Kuhhaaren, zwecks besserer Dichtung, bei kleineren Bleiweiß oder Lack. Dann wird die Planke endgültig angebracht und mit Nägeln auf den Lehrspanten angeheftet.

FRANÇOIS RABELAIS

Wie Pantagruel einen schweren Sturm auf dem Meer überstand, 1552

Alsbald fing das Meer an, sich empor zu bäumen und aus der Tiefe heraufzuwühlen; mächtige Wogen schlugen an die Seiten unserer Schiffe; der Nordwest, begleitet von unbändigem Sturmestosen, schwarzen Wasserhosen, schrecklichen Luftwirbeln und todbringenden Windstößen, pfiff durch unsere Stengen; dazu von oben herab Donner, Knattern, Blitze, Regen, Hagel, die Luft aller Klarheit beraubt, vollkommen undurchsichtig, finster, schwarz, als ob es außer Gewitterschein, Wetterleuchten und flammenden Wolkenrissen gar kein anderes Licht gäbe; rund um uns her Katägiden, Thyellen, Lälapen und Presteren[1], von Psoloenten, Argen, Helikien[2] und von andern Ausgeburten der Luft in Flammen gesetzt; überall, so weit wir sehen konnten, alles zerrissen, alles in Aufruhr, schreckliche Typhone[3] berghohen Wellen sich entgegenstürzend. Glaubt mir, wir meinten das uralte Chaos zu erblicken, worin alle Elemente, Feuer, Wasser, Luft und Erde durcheinander gemischt, sich gegenseitig bekämpfen. Panurg, der mit dem Inhalt seines Magens die skatophagen[4] Fische reichlich gefüttert hatte, lag jetzt verzagt, jammernd und halb tot auf dem Deck und rief alle Heiligen beiderlei Geschlechts um Hilfe an, schwor, er wolle bei erster Gelegenheit beichten, und schrie dann wieder in höchster Bedrängnis: »Verpflegungsmeister, hohoho, liebster Freund, Väterchen, Onkelchen, schaff mir ein bisschen was Gesalzenes her; ich sehe schon, zu saufen werden wir bald nur zuviel bekommen. Reichlich saufen, wenig speisen wird fortan meine Losung heißen! Wollte doch Gott und die heilige, liebreiche, gebenedeite Jungfrau, dass ich jetzt – ich mein' auf der Stelle – unangefochten auf dem festen Land säß'.«

1 Sturmarten – 2 Blitzarten – 3 Sturmwinde – 4 Kot fressenden

VICTOR HUGO

Die Winde der hohen See, 1866

Woher kommen sie? Aus dem Unermesslichen. Damit sie ihre maßlosen Flügel spannen können, bedürfen sie der Weite des Abgrunds; und zu ihrem Schweifen brauchen sie unbegrenzte Einöden. Der Atlantik, der Pazifik, diese gewaltigen blauen Seeräume, das ist das Feld, das ihnen gefällt. Sie verfinstern es. Sie kommen in hellen Scharen heran. Der Kommandant Page hat einmal auf hoher See sieben Windhosen zugleich gesehen. Plötzlich sind sie da, mit grausamer Wut. Sie sinnen auf Unheil. Ihre Arbeit ist es, für kurz und auch auf ewig, die Wellen anschwellen zu lassen. Was sie vermögen, ist unbekannt, und ebenso, was sie wollen. Sie sind die Sphinxe des Abgrunds; und Gama ist ihr Ödipus. Mit Wolkengesichtern erscheinen sie in diesem Dunkel der ewig beweglichen Meeresfläche. Wer ihre aschfahlen Züge in diesem Streulicht des Meereshorizontes sieht, fühlt sich der unbeugsamen Macht gegenüber. Man könnte sagen, dass sie durch den menschlichen Geist beunruhigt werden, und dass sie sich gegen ihn sträuben. Der Geist ist unbesiegbar, das Element jedoch ist uneinnehmbar. Was tun gegen die ungreifbare Allgegenwart? Der Wind wird zur Keule und dann wieder zum Wind. Die Winde kämpfen, indem sie alles niederfegen, und sie verteidigen sich, indem sie verschwinden. Wer auf sie trifft, muss sehen, wie er sich ihnen entwindet. Ihr vielfacher, verwirrender Angriff wird Stoß auf Stoß vorgetragen. Sie sind unfassbar und hartnäckig. Wie wird man damit fertig? Der aus einer dodonischen Eiche geschnitzte Bug des Schiffes ARGO, der Bug und Lotse zugleich war, sprach mit ihnen. Sie haben diesen von einer Göttin gebauten Bug arg misshandelt. Als Christoph Columbus die Winde auf die PINTA zustürmen sah, stieg er auf die Kommandobrücke und wandte sich mit den ersten Versen des Johannesevangeliums an sie. Surcouf beleidigte sie, indem er ihnen zurief: »Hier kommt die üble Rotte!« Napier beschoss sie mit Kanonen. Sie haben die Gewaltherrschaft über das Chaos.

Sie haben das Chaos inne. Was machen sie damit? Unerbittliches unbekannten Ausmaßes. Die Grube der Winde ist ungeheuerlicher als die Löwengrube. Wieviele Leichname liegen wohl unter den Falten dieses Tuchs ohne Grund! Gnadenlos schieben die Winde diese finstere und bittere Masse vor sich her. Sie sind stets zu hören, doch selber hören sie nichts. Sie begehen Dinge, die Verbrechen gleichen.

JEAN GIONO

Die große Meeresstille, 1944

Man sehnt sich nach einem Lufthauch. Man möchte sehen, wie das schwarze Segelzeug anfängt, sich zu blähen und all den Regen abzuschütteln, der es durchnässt hat; wir möchten, dass der Mast aufhört, sacht in seinem Schuh zu ächzen, und dass die Rahen und Stengen wieder aufschreien, wie sie es tun, wenn der Wind nach den Toppen langt. Wir möchten das Segelzeug klatschen hören und sehen, dass es sich auseinanderrollt wie eine Schlange, während es sich auf der einen Seite bläht und auf der andern Seite flattert wie eine Fahne im Wind, bis es sich endlich rundet. Wir möchten, dass die Segel geschwellt sind von den Toppen bis zum Mastfuß. Wir möchten, dass sich der Wind kräftig gegen unser Segelzeug stemmt, an allen Masten, von oben bis unten, und dass wir endlich mit der Nase voran springen. Wir möchten nicht, dass der Regen aufhörte, niederzurauschen, noch dass wir nicht mehr von blauen Schleiern umhangen wären, aus denen jeden Augenblick alles Mögliche auftauchen kann, aus denen dann aber am Ende nichts kommt als winzig kleine Tropfen, die sehr weit voneinander entfernt sind; wir würden den Regen in Kauf nehmen, und auch, dass wir in seine düstern Mauern eingepfercht sind: *aber wir möchten steuern (…)*

Es ist uns völlig gleichgültig, dass es das grenzenlose Meer gibt, und dass der Regen das Gestern, Heute und Morgen zudeckt; wir können alles ertragen, selbst wenn wir nichts andres zu sehen bekämen als unsern Bug, der auf jeder Seite seine Wasserlippen zurückstößt; *wir wollen nichts als steuern; denn das Steuern gibt uns die Gewissheit, dass wir ebenso lebendig sind wie der Regen und das Meer,* und es hat dann nichts zu bedeuten, dass die grenzenlosen Weiten des Meeres vom Sirren des grenzenlosen Regens zugedeckt werden, wenn nur wir selber inmitten von alledem steuern. Denn dann gehorcht die kleine Welt, in der wir leben, dem Rade; und wenn man sagt: 15 Grad nach rechts, dann stößt man mit der Nase 15 Grad nach rechts, und es ist uns gleich, dass alles verstopft und zugedeckt ist, sodass man nicht rechts von links und keinen Grad von Hosenknopfbreite unterscheiden kann; was uns nottut, ist steuern; nicht auf etwas zu; und selbst wenn es nicht mehr rechts noch links noch Null noch Grad noch ›wie sie geht‹ gibt, *so gibt es doch das Ruder; es gibt die eine Tatsache, die ebenso wichtig ist wie die unbegrenzten Meeresweiten und das unbegrenzte Sichergießen des Regens, die Tatsache, dass man handelt, dass man in die Dinge eindringt, und dass man sich das Gefühl der Freiheit bewahrt.*

FRANCISCO COLOANE

Der Eisberg von Kanasaka, 1941

Ich war schon einige Male auf hoher See von den Armen des Todes geschüttelt worden, daher lehnte ich die Aufforderung dankend ab, denn es ist ein beklemmendes Gefühl, in einer von Wellen hin und her geschleuderten Mausefalle gefangen zu sitzen und nicht zu wissen, wann man untergeht. Ich kenne das Meer zur Genüge und weiß, dass der drohende Schiffbruch weniger schlimm ist, wenn man sich im Sturm auf Deck befindet. Außerdem ist das Warten auf den Tod auf einem kleinen Schiff weniger unangenehm als auf einem Schiff mit größerem Ladegewicht. Auf einem kleinen Schiff trennen einen nur wenige Zentimeter vom Wasser; die über einen einstürzenden Brecher geben einem den salzigen Vorgeschmack von den kurzen Minuten des Sterbens. Du stehst schwankend direkt an der Schwelle; ein kleiner Schritt – und schon bist du auf der anderen Seite.

Das war gegen Mitternacht unsere Lage mitten im Beaglekanal. Obwohl wir die Segel gerefft hatten, trieb uns der Sturm mit hoher Geschwindigkeit über die Wellen von Ufer zu

Ufer. Kapitän Fernández rief dem Schiffsjungen den Befehl zum Wenden erst dann zu, wenn die Schwärze der feindseligen Wellenberge vor unserem Bug noch etwas unheimlicher wurde.

»Du kannst den Jungen ablösen, damit er sich mal mit einem Schnaps stärken kann!«, rief Kapitän Fernández mir zu; der Sturm riss seine Worte mit, kaum waren sie über seine Lippen gekommen. Ich wurde also mit dem Rücken zum Mast festgebunden. Der Befehl des Kapitäns kündigte mir den Moment des Wendens an. Ich krallte mich am Focksegel fest und versuchte, das Manöver auszuführen, so gut ich konnte. Zwischendurch übermannte mich Erschöpfung, meine Kräfte ließen nach, und nur das befriedigende Gefühl, in einer solchen Situation nützlich zu sein, zwang mich, dem Tosen des Meeres zu trotzen.

Jeden Moment glaubte ich, den Tod zwischen den drei hohen Brechern, denen immer drei kleine Wellen vorausgehen, auf mich zukommen zu sehen. Die Böen krängten den Kutter gefährlich, sodass das ganze Freibord unter Wasser war. Der Mast bog sich wie ein Bambusrohr; der Sturm zerrte am Tauwerk, und die Takelage knarrte im Sturm. Wir waren gleichsam Teil des Orkans, segelten Arm in Arm mit den Wellen, tauchten ein ins nasse Element, und der Tod wäre nur ein kleiner, weiterer Schritt gewesen (…)

Kapitän Fernández schrie mir etwas zu, was ich nicht verstand, und ich führte instinktiv die Hand wie einen schützenden Schild an die Augen. Ich erwartete zwar jeden Moment den Tod aus dem Meer steigen zu sehen, jedoch nicht in dieser ungewöhnlichen Form.

Die gewaltige weißliche Masse bewegte sich auf uns zu. Sie hatte die rechteckige Form eines Denkmalsockels, und zuoberst, ein grauenhafter Anblick, stand … ein Leichnam? Ein Gespenst? Ein lebendiger Mensch? Ich hätte es nicht sagen können, so unfassbar war das Ganze. Die Gestalt stand mit erhobenem Arm auf der Eismasse und zeigte in die von der finsteren Nacht verschluckte Ferne. Als die Erscheinung näherkam, zeichnete sich deutlich eine menschliche Gestalt ab, die bis zu den Knien im Eis steckte und mit flatternden Fetzen bekleidet war. Ihr steif ausgestreckter rechter Arm schien »Fort von hier!« zu befehlen und den Weg ins ferne Nichts zu weisen.

JEAN-MICHEL BARRAULT

Mit zwanzig Jahren am Kap Hoorn, 1974

Sie alle denken zunächst an nichts anderes als an das Aufgeben. Sie wollen diesem Albtraum entkommen, nie wieder diese Sturmböen hören, die an Stärke zunehmen und so schrill pfeifen, weg von diesem erbarmungslosen Wind, der ihnen alles abtrotzt, fort von den peitschenden, gischtenden Wellenkämmen, raus aus dem ewigen Ölzeug. Nein, nie wieder diese Wellen sehen, die unaufhörlich rollen, anschwellen, sich überlappen, sich auftürmen, die sich unaufhaltsam ihre Bahn brechen, zu plötzlichen Bergen anwachsen, und das genau hinter dem Schiff – bereit, es unter sich zu begraben, es umzuschmeißen, es kentern zu lassen, es unter Wasser zu setzen, die Menschen von Deck zu spülen, weg von diesen Wellen, welche die Kraft besitzen, Stahl zu verformen, die in die Kabinen eindringen und sie überschwemmen, und das Boot, vielleicht, sogar mit in die Tiefe reißen, auf den Grund, für immer. Nein, Schluss damit, in der Nacht auf das phosphorisierende Leuchten eines Brechers zu starren, der sich mit dem Gebrüll eines wilden Tieres, das die Macht seines Schreies zurückhält, auf einen stürzt. Nein, sie ertragen es einfach nicht mehr, mitten in der Nacht aus der Koje gerissen zu werden, während das Boot sich auf die Seite legt, Wasser den Niedergang hinunterschießt und durch die Lüftung eindringt, und sich jeder von ihnen sagt: »Dieses Mal ist es wirklich ernst, das war's wohl!«, um sich dann, wenn das Schiff sich wieder aufgerichtet hat, im Geheimen zu fragen: »Und das nächste Mal?!«

JOACHIM RINGELNATZ

Gefahren und Strapazen, 1928

Äußerste Disziplin, Umsicht und Kaltblütigkeit sind erforderlich, um auf den einsamen Schiffen den Gefahren, Beschwerlichkeiten und unberechenbaren Zufällen zu begegnen. Wie mannigfaltig diese sind, davon erhalten wir schon ein kleines Bild, wenn wir einmal die allgemeinen Beförderungsregeln auf den Konnossementen (Ladescheinen) der Schifffahrtslinien durchlesen. Es heißt da unter § 11: Der Reeder ist nicht verantwortlich für Schäden, Einbußen und Verluste, die versursacht sind durch:

1. Höhere Gewalt, die Gefahren der See, Feuer, Explosionen, Kollisionen, Strandungen und alle anderen Schifffahrtsunfälle (…)

An Bord sterben wenige eines natürlichen Todes. Das Seemannsbegräbnis auf hoher See, da man den Toten in Segeltuch einnäht und ins Meer versenkt, ist kein häufiger Fall. Aber Unwetter und Unglücksfälle aller Art drohen den Matrosen. Das Wasser hat keine Balken, und die Haifische haben Hunger. Alljährlich verschlingt die See zahllose Opfer. Dass die meisten Matrosen nicht schwimmen können, hat damit kaum etwas zu tun.

»Die furchterregende See, zu tintenschwarzer Dünung anschwellend,
zerschmettert die Stückpforten, bricht Mast und Anker,
und rasiert das traurige Schiff kahl wie ein Floß.«

JOSÉ MARIA DE HEREDIA

Schiffe und ihre Schicksale

Sturm bei Douarnenez, 1951

»Sollen wir Euch da weg schleppen?«, schrie Arthur hinüber. »Warum um Himmels Willen habt Ihr nicht Rot geschossen? Habt Ihr einen Maschinenschaden?«

»Wenn wir kein Problem hätten, wären wir hier längst weg!«, gab Étienne unter dem Gelächter der Mannschaft der THÉRÈSE MASSON zurück.

»Bei solchen Seeräubern wie Euch kann man nie wissen«, entgegnete Arthur und gewann seine alte Zuversicht zurück. Es war zwar offensichtlich, dass die anderen nicht dem Klang der Glocken von Ys lauschten, aber immerhin konnte es ja auch sein, dass sie gerade einen Beluga oder einen anderen Wal in den Fängen hatten!

»Wir fangen hier heftige Brecher ein, die schaffen das schon, unseren Rumpf zu zerschmettern«, kam es mit vorlauter Schnauze zurück. Diese Worte schienen nicht darauf hinzudeuten, dass hier das Leben der Crew auf dem Spiel stand.

Die beiden Schiffe blieben auf gleicher Höhe und hielten, auf den Wellen tanzend, gehörig Abstand, um nicht zu kollidieren. Der Sturm toste nun mit voller Wucht, zerwühlte die See und zerzauste den Himmel … Arthur vergegenwärtigte sich die Lage wieder und wieder. Der Boss des anderen Schiffes war ein knallharter Typ. Und außerdem war man noch lange nicht im Hafen!

»Werft Eure Schleppleine rüber!«, schrie er, um endlich etwas zu unternehmen. »Wir nehmen Euch mit in unseren Hafen, Ihr verdammten bretonischen Sturköpfe, das ist allemal besser, als am Chateau de Dinan zu stranden!«

»Dann soll er die Leine mal ordentlich belegen, der Herr aus Camaret, und aufpassen, dass sie nicht reißt, denn wir haben nur eine!«

Dann sind genug der Worte gewechselt. Aber sich schleppen zu lassen, ist weiß Gott kein Vergnügen. Genauso wenig wie sich treiben zu lassen. Ohne eigenen Antrieb, dazu im Schlepp eines Kollegen, der sich als Muskelprotz aufspielt, das ist wirklich beschämend. Zumal, wenn es sich um so einen winzigen Langustenfänger aus Camaret handelt, der nicht mal ein verglastes Steuerhaus besitzt! … Herrgottnochmal!

ALAN VILLIERS

Die Mannschaften, 1954

Im ganzen genommen waren die Leute, die sich die Segelschifffahrt zu ihrem Beruf erwählt hatten, prächtige Menschen. Jedenfalls auf See. Sie erfüllte heißer Stolz auf ihre Tüchtigkeit, die in Jahrhunderten entwickelt worden war. Die Seeleute selbst waren es, die auf die strikte Bewahrung eines hohen Standards der Leistung hielten, und keiner wurde Vollmatrose, der nicht einer Kommission scharfer Kritiker bewiesen hatte, dass er ein kompetenter und erfahrener Mann war. Der Rahsegler war immer ein harter und genauer Lehrherr, und Narren hat er nie geduldet. Ein Narr am Ruder konnte das Schiff zum Scheitern bringen, oder kam er zu dicht an den Wind, konnte er einen Mann von oben schütteln. Ein Narr in der Takelage brachte sich selbst ums Leben, und dagegen war eigentlich nichts einzuwenden. Aber schlecht getane Arbeit musste auch andere töten, das war es. Männer, die genau wissen, wie oft ihr Leben von guter Zusammenarbeit abhängt, legten auch hohe Maßstäbe an und gaben acht, dass sie nicht umgangen wurden. So war es einst in der Ostsee, so war es in Aveiro an der Küste von Portugal, und so war es in den einstmals so rührigen Häfen von Wales.

Jungen wurden bei der Kauffahrtei gründlich und systematisch ausgebildet, waren vollwertige Seeleute, ehe sie für eine Wahl zum Steuermann in Frage kamen, und befördert wurde man nur auf Grund erprobter Tüchtigkeit und vorbildlicher Führung auf Schiffen in See. Kein Zeugnis irgendeines Instituts an Land hatte damit etwas zu tun; allerdings gab es Protektionskinder, denen der Einfluss ihrer Familie half. Es gab immer zwei Wege zum Achterdeck. Der eine führte durch das Mannschaftslogis – durch die Ankerklüse, sagten die Seeleute –, der andere durch den Einfluss der Familie, und das nannte man »durchs Heckfenster steigen«.

BERTOLT BRECHT

Bericht des Schiffbrüchigen, 1921

Als das Schiff brüchig war
Ging ich in die Wasser. Des Wassers Gewalt
Warf mich auf einen kahlen Steinbrocken.
Ich war von Sinnen alsbald.
Während dem ging meine Welt unter. Zwar
Als ich aufwachte, mein Haar
War schon trocken.

Ich aß aus Muscheln einiges
Und schlief in einem Baum
Drei Tage, die beste Zeit
Und weil ich hatte nichts als Raum
Ging ich weit.

Der Anblick war mir ungewohnt.
Ich berührte nichts mit der Hand.
Nach dreien Nächten habe ich den Mond
Wieder erkannt.

Ich hängte ein Tuch in einen Baum
Und stand daneben
Einmal einen Tag und eine Nacht.
Das Wasser war ruhig.
In meinem Tuch war kein Hauch
Es kam kein Schiff
Es gab keine Vögel.

Später sah ich auch Schiffe
Fünfmal sah ich Segel
Dreimal Rauch.

JORGE AMADO

Die Abenteuer des Kapitäns Vasco Moscoso, 1961

»Als er starb, mein braver Giovanni, machte er mir viel Kopfzerbrechen …«

»Woran ist er denn gestorben?«

»Am Saufen. Woran hätte ein Giovanni sonst sterben sollen?

Er soff wie ein Loch, er hatte viel Kummer mit seiner Familie. Na schön: Als er starb, sah ich mich gezwungen, zwei Tage lang vom Kurs ab zu segeln. Ab vom Kurs, Senhores, wissen Sie, was das heißt? Und nur, um den Leichnam in italienischen Gewässern in die See zu senken … Ich hatte es versprochen. Ich ging also vom Kurs ab, und wir liefen achtundvierzig Stunden …«

»Und … der Tote …?«

»Was?«

»Hielt er es solange aus, ohne …«

»Wir legten ihn in die Kühlkammer. Bei der Totenfeier war er zwar hart wie ein gesalzener Stockfisch, aber noch tadellos. Ich bekam

allerdings Mordsscherereien mit der Reederei, nur weil ich mein Wort gegeben hatte … Sie können sich kaum vorstellen …«

Sie konnten es sich kaum vorstellen und stellten daher Fragen. Und so schritt Giovanni mitsamt seiner Besäufnis und seinem Familienkummer, die Haut tief gebräunt von der Salzluft der sieben Meere, zwischen der Trauergemeinde und Doninhas Sarg durch die Straßen von Peripeři. Der Kommandant erzählte von seiner Diskussion mit der knickerigen Reederei, er gab seine unerschütterlichen humorigen Antworten wieder, mit denen er das Recht seiner Seeleute verteidigte, in die heimatliche See gesenkt zu werden, ihr Recht, von Fischen mit vertrauten Namen gefressen zu werden. Bevor sie zum letzten Mal ins Wasser tauchten, konnten so ihre toten Augen in der Ferne noch einmal die Küsten ihres Vaterlandes sehen, und ihre Arme konnten sich ihnen entgegenstrecken. Aber es war verlorene Liebesmüh, das einem Vieh wie Menendez beizubringen, seinem übelgelaunten Reeder, einem früheren kleinen Angestellten, der sich durch Intrigen und krumme Touren zum Generaldirektor der Gesellschaft hochgestemmt hatte (…)

Ein Widerling und Schurke, dieser Menendez, der Kommandant hatte noch heute eine Mordswut auf ihn.

ALEXANDRE DUMAS

Der Graf von Monte Cristo, 1844

Dantès stieg aus dem Wasser, machte ein paar Schritte und streckte sich dann, Gott für seine Rettung dankend, auf den spitzen Klippen aus. Ah, kein Bett war ihm je so weich erschienen! Trotz des Sturmes, trotz des jetzt niederbrechenden Regens fiel er sofort in einen erquickenden Schlummer. Das Krachen des Donners ließ ihn nach ungefähr einer Stunde wieder auffahren; er blickte sich um. Sein Seemannsauge hatte ihn nicht getäuscht, er war wirklich auf Tiboulen gelandet (…)

Als er sich wieder erhob, erhellte ein Blitz den weiten Raum. In seinem Schein sah Dantès zwischen der Insel Lemaire und dem Cap Croiselle, in einer Entfernung von ungefähr einer Viertelstunde, eine Fischerbarke auftauchen, die von Sturm und Wogen fortgetrieben wurde; eine Sekunde später, sich mit erschreckender Geschwindigkeit nähernd, tauchte das Schiff auf dem Kamm einer andern Welle auf. Beim Leuchten der Blitze erblickte Dantès vier Männer, die sich an die Segelstangen klammerten. Kurz darauf erfolgte ein furchtbares Krachen, und verzweifelte Schreie drangen an sein Ohr. Dann versank alles in Nacht.

Nach und nach legte sich der Sturm; schwere, fahle Wolken wälzten sich gegen Westen, und im reingefegten, tiefen Blau des Himmels funkelten die Sterne heller denn je. Bald verkündete am östlichen Horizont ein rot erglühender Saum das Nahen des Morgens.

Reglos, staunend, als erschaute er es zum ersten Male, stand Dantès vor dem herrlichen Schauspiel; er hatte es während seiner Gefangenschaft tatsächlich vergessen. Dann wandte er sich nach der Festung um. Majestätisch ragte das düstere Schloss aus den Wogen empor.

Die denkwürdigen Erlebnisse des Arthur Gordon Pym, 1838

Als ich ins Leben zurückkehrte, fand ich mich in der Kajüte eines großen Walfischfängers (des PENGUIN), der nach Nantucket segelte. Mehrere Menschen beugten sich über mich, und Augustus, bleicher als der Tod, war eifrig bestrebt, mir die Hände zu wärmen. Als ich die Augen öffnete, riefen die Äußerungen seines Dankes, seiner Freude abwechselnd Lachen und Weinen bei den Anwesenden hervor. Das Geheimnis unserer Rettung war bald enthüllt. Der Walfänger hatte uns überrannt; er lavierte mit so viel Segeln, als er zu setzen wagte, auf Nantucket zu, sein Kurs stand somit in rechtem Winkel mit unserm. Mehrere Leute lugten vorn aus, aber sie bemerkten unsere Schaluppe erst, als es schon zu spät war, den Zusammenstoß zu vermeiden; ihre Warnungsrufe hatten mich in jene fürchterliche Angst getrieben. Das gewaltige Schiff übersegelte uns, so erzählte man mir, mit einer Leichtigkeit, als ob es über eine Feder hingeglitten wäre, und ohne nur im geringsten in seinem Laufe aufgehalten zu werden. Vom Verdeck der Schaluppe ertönte kein Schrei; man hörte nur im Toben von Wind und Wellen etwas wie einen leisen, schlürfenden Laut, als die gebrechliche Barke vor dem Versinken sich am Kiel ihres Zerstörers rieb; das war alles. Der Kapitän (E. T. V. Block von New London) hielt unser entmastetes Boot für weiter nichts als ein treibendes Wrack und wollte ohne nähere Untersuchung der Angelegenheit seine Fahrt fortsetzen. Glücklicherweise vermochten zwei Leute vom Ausguck einen Schwur darauf zu leisten, dass sie einen Menschen am Steuer gesehen hätten, der vielleicht noch zu retten war. Man erörterte die Sache, Block ärgerte sich und rief nach einer Weile, er brauche nicht auf Eierschalen aufzupassen, das Schiff sollte nicht wegen solcher Dummheiten seinen Kurs ändern und, wenn einer übersegelt würde, wär's seine Schuld – er möge ersaufen und verdammt sein. Henderson, der Obersteuermann, griff jetzt den Gegenstand auf, er und die Mannschaft waren redlich entrüstet über die herzlosen Worte des Kapitäns. Er nahm kein Blatt vor den Mund, da er sich von den Leuten unterstützt wusste; er erklärte dem Schiffer, er verdiene, gehängt zu werden; er, Henderson, werde auf die Gefahr hin, ein gleiches Schicksal zu erdulden, seinem Befehle ungehorsam sein.

Sindbad der Seefahrer, 15. Jhdt. n. Chr.

Als ich nun aber den Kapitän davon reden hörte, dass die Waren mit meinem Namen beschrieben werden sollten, sprach ich bei mir: »Bei Gott, ich bin Sindbad der Seemann, der auf der Insel zurückblieb« und wappnete mich mit Standhaftigkeit und Geduld, bis die Kaufleute vom Schiff gestiegen waren und miteinander übers Geschäft plauderten. Dann trat ich an den Schiffsherrn heran und fragte ihn: »Mein Herr, weißt du, was der Eigentümer der Waren, die du mir zum Verkauf übergabst, war?« Er versetzte: »Mir ist nichts anderes von ihm bekannt, als dass er aus der Stadt Bagdad war, dass er Sindbad der Seemann hieß und dass er bei einer Insel, bei welcher wir anlegten, nebst einer großen Anzahl von uns ertrank; und ich hörte seit jener Zeit nichts mehr von ihm.« Da stieß ich einen lauten Schrei aus und sagte zu ihm: »Kapitän, Gott schütz' dich! Wisse, ich bin Sindbad der Seemann und bin nicht ertrunken, sondern verließ, als wir bei der Insel die Anker ausgeworfen hatten und als die Kaufleute und Passagiere ans Land gingen, mit einer Anzahl Leute ebenfalls das Schiff.«

Seesturm, Schiffbruch, 1759

Nicht lange dauerte es, da waren die Segel zerrissen, die Masten zerschmettert und das hin und her geschleuderte Schiff ganz leck.

Der Schreck war den meisten so in die Glieder gefahren, hatte ihren Körper in solche Aufregung versetzt, dass sie der Gefahr, die sie umschwebte, ganz gefühllos und starr gegenüberstanden; die übrigen kreischten und beteten laut; wer arbeiten konnte, arbeitete; niemand hörte, niemand befahl. Der Wiedertäufer stand auf dem Deck und half beim Manövrieren. Ein wütender Matrose schlug ihn mit einem derben Stoß zu Boden, prallte aber durch die Heftigkeit des Schlages selbst ein Stück zurück und stürzte kopfüber ins Wasser. Zum Glück blieb er an dem Ende eines Mastes hängen. Der gutherzige Jakob sprang ihm zu Hilfe, half ihm, wieder hochzusteigen, und fiel dabei selbst ins Meer. Der dabeistehende Matrose ließ seinen Retter versinken, ohne auch nur einmal hinzugucken. Candide eilte herbei und musste sehen, wie sein Wohltäter mit den Wellen kämpfte und gleich darauf von ihnen verschlungen wurde. Er wollte hinterher springen, doch der Philosoph Pangloß hielt ihn zurück und bewies ihm, die Reede von Lissabon sei ausdrücklich dazu erschaffen worden, dass der Wiedertäufer dort ertrinke. Während er dies apriori bewies, barst das Schiff. Alles, was darauf war, kam um, bis auf Pangloß, Candide und das Ungeheuer von Matrosen, der den tugendhaften Wiedertäufer hatte ertrinken lassen. Der Schurke schwamm glücklich ans Ufer, das Pangloß und Candide auf einer Planke gleichfalls erreichten.

JOSEPH CONRAD

Der Griff des Landes, 1906

Der Fachausdruck für eine Strandung unter mildernden Umständen heißt »Grundberührung«, aber man hat dabei mehr das Gefühl, dass der Grund das Schiff berührt hat. Die Leute an Deck fühlen sich völlig überrascht. Es ist, als wäre man mit den Füßen in eine unsichtbare Falle geraten, das körperliche Gleichgewicht ist bedroht und die seelische Ausgeglichenheit mit einem Schlage zerstört. Aber dieser Zustand dauert nur eine kurze Sekunde, denn während man noch taumelt, scheint sich im Gehirn etwas anzubahnen, was voller Bestürzung und Erregung den inneren Aufschrei auslöst: »Mein Gott! Wir sind aufgelaufen!«
Und das ist einfach fürchterlich. Denn schließlich besteht der eigentliche Lebenszweck des Seemanns darin, den Kiel des Schiffes frei vom Grund zu halten. Seine berufliche Existenz verliert daher im Augenblick des Strandens ihre Berechtigung. Es ist seine Aufgabe, das ihm anvertraute Schiff flott zu erhalten – und das ist die Grundformel all der unbestimmten Impulse, Träume und Illusionen, aus denen sich die berufliche Neigung eines Jungen entwickelt. Der Griff des Landes nach dem Kiel des Schiffes prägt sich im Gedächtnis des Seemanns unauslöschlich als Vorgeschmack einer Katastrophe ein, selbst wenn dabei nichts Schlimmeres herauskommt als Zeitverlust und Tauwerksverschleiß.

»*Sie bewegen sich in der Unendlichkeit des Meeres
und fühlen sich nur wohl,
solange sie auf hoher See sind.*«

ANATOLE LE BRAZ

Seeleute und
Kapitäne

TRISTAN CORBIÈRE

Der Schiffsjunge, 1873

Schiffsjunge, dein Vater ist Seemann? Nein? …
– War Fischer. Verschollen seit langem.
Als er nicht mehr schlief mit der Mutter mein,
ist in den Fluten er schlafen gegangen …

Die Mutter hütet im Kirchhof dort
ein Grab ihm – 's ist nichts darin.
Ihr Mann auf Erden bin ich hinfort,
der ichs Brot für die Kinder verdien.

Zwei Kleine. – Und an dem Strand verfing
sich nichts, als der Nachen unterging?
– Sein Pfeifensack und sein Schuh bloß …

Die Mutter weint, sonntags, für sich,
zum Ausruhn … Ich aber räche mich;
wenn ich groß bin, werd ich Matros!

Erinnerungen, 1849

Menschen, die nie zur See gefahren sind, fällt es schwer, sich eine Vorstellung zu machen von den Gefühlen, die man empfindet, wenn man an Bord des Schiffes ringsumher nur das ernste Antlitz des Abgrundes erblickt. In dem gefahrvollen Leben des Matrosen steckt eine Unabhängigkeit, die mit dem Entschwinden des Festlandes zusammenhängt; man hinterlässt die Leidenschaften der Menschen am Ufer; zwischen der Welt, der man enteilt, und jener, der man zustrebt, ist das Element, von dem man getragen wird, die einzige Liebe und das einzige Vaterland, das man besitzt. Man hat keine Pflichten mehr zu erfüllen, keine Besuche zu machen, es gibt keine Zeitungen mehr und keine Politik. Selbst die Sprache der Matrosen ist nicht die übliche Sprache; es ist die Sprache wie der Ozean, der Himmel, die Windstille und der Sturm sie sprechen. Man wohnt in einem Wasserreich unter Geschöpfen, deren Kleidung, deren Neigungen, deren Gehabe und deren Anblick in keiner Weise den sesshaften Völkern gleichen. In den Docks von London und Plymouth begegnet man nicht selten Leuten, die auf Schiffen geboren wurden: sie sind von ihrer frühesten Kindheit bis ins hohe Alter niemals an Land gegangen; sie haben das Land immer nur von Bord ihrer schwimmenden Wiege aus gesehen, als Betrachter einer Welt, die sie niemals betreten haben. In diesem auf so kleinen Raum beschränkten Leben unter den Wolken und über den Abgründen beseelt sich für den Seemann alles: ein Anker, ein Segel, eine Kanone werden zu Personen, an denen man hängt und deren jede ihre eigene Geschichte hat.

CHARLES BAUDELAIRE

Der Mensch und das Meer, 1857

Du freier Mensch, das Meer liebst du für alle Zeit!
Dein Spiegel ist das Meer: die Seele sieht sich wieder
In seiner Woge nie stillstehndem Auf und Nieder,
Der Geist, er ist ein Abgrund gleicher Bitterkeit.

In deines Bildes Schoß versinkst du mit Behagen,
Umschlingst mit Armen ihn und Augen, und dein Herz
Vergisst mitunter selbst den eignen lauten Schmerz
Vor der Unzähmbarkeit und Wildheit dieser Klagen.

Ihr seid voll Dunkelheit, ihr beide, und ihr schweigt:
Mensch, keiner sah hinab zu deinem tiefsten Grunde,
Meer, keiner gab vom Schatz in deinem Innern Kunde;
Mit solcher Eifersucht wacht ihr, dass nichts sich zeigt!

Und doch tobt zwischen euch seit undenklichen Zeiten
Ein gnadenloser Krieg, der niemals Ruhe gibt,
So sehr seid ihr in Tod und Metzelei verliebt!
O wilder Bruderhass! o Kampf durch Ewigkeiten!

ANATOLE LE BRAZ

Auf See, 1892

Die See, nichts als die See. Mit unwiderstehlichem Charme kreist sie dich ein, bezaubert dich, hinterlässt eine Leere in dir, und schließlich entfremdet sie dich von allem, was mit ihr nichts zu tun hat. Ich fühle, wie sie in kleinen Wellen durch meine Augen in mich dringt; sie durchfeuchtet mich, sie füllt mich. Ich gehöre nur ihr. Ihre feuchte Liebkosung lässt mein Männerherz schmelzen. Das geheimnisvolle Lied ihrer Fluten findet sein Echo in meiner Seele. Es verfolgt mich und klagt, erbarmungslos und köstlich zugleich. In dem monotonen Geflüster schmelzen die Gedanken dahin. Der alte Féchec, sein Maat, und überhaupt alle Seeleute aus dem Département Côte d'Armor, sie alle sind erfüllt von der sonoren Stimme, die nahezu gleichzeitig zärtlich wie ein Wiegenlied und wild wie ein Brüllen klingen kann. Sie sind die Seeleute, die *ann dud a vor*. Sie werden von der See beherrscht, die See ist ihnen alles. Natürlich haben sie Mütter, Geliebte, Ehefrauen. Doch es ist, als habe die See sie geboren, und so leben sie allein für die See, und werden durch die See sterben, wie schon ihre Vorfahren durch die See gestorben sind und wie auch ihre Nachkommen darin umkommen werden. Es ist eine sprachlose Liebe, ruhig und verhängnisvoll. Es ist ihr Schicksal, sie zu lieben, nichts und niemanden als sie. Wenn man versucht, sie dieser unbeugsamen Amme zu entwöhnen, werden sie jäh zugrunde gehen, ihre Luft aushauchen wie ein zerstochener Luftballon, zurückbleiben wie ein zerbrochener Hampelmann. Das sieht man etwa an den Pensionären der Marine. Das Leben an Land zerrüttet sie, sie lassen sich gehen, sie sind verunsichert oder haben, wie sie selbst es ausdrücken, »den Norden verloren«, sind also ihrer Orientierung beraubt, und fallen in sich zusammen wie Waschlappen. Und wenn man beim Ertönen der Totenglocke fragt, welcher Krankheit sie denn erlegen sind, antworten ihre Frauen oder die Töchter: »Ach! Es war die *ôtrou,* die Seekrankheit!«

20 000 Meilen unter den Meeren, 1869

»Sie sind ein großer Freund des Meeres, Kapitän«, sagte ich.

»O ja. Ich liebe es. Das Meer ist alles. Es bedeckt 7/10 der Erdoberfläche. Der Seewind ist gesund und rein. Es ist eine unermessliche Einöde, in der der Mensch doch niemals allein ist, denn er fühlt, wie das Leben um ihn herum pulst. Das Meer spiegelt ein übernatürliches und wunderbares Dasein wider, es besteht nur aus Bewegung und Liebe, es ist die lebendige Unendlichkeit. In der Tat, Herr Professor, alle drei Reiche der Natur sind hier vertreten: die Steine, die Pflanzen und die Tiere. 4 Gruppen von Pflanzentieren, 3 Klassen Gliedertiere, 5 Klassen Mollusken, 3 Klassen Wirbeltiere, Säuger, Reptilien, Fische – der Reichtum dieser Fauna ist unerschöpflich. 13 000 Gattungen sind unter Wasser heimisch, und nur 1/10 davon im Süßwasser. Die Meere sind eine ungeheure Wohnstätte der Natur. Am Anfang des Lebens war das Meer, und wer weiß, ob es nicht auch am Ende wieder über dem Leben zusammenschlägt. Hier allein gibt es die große Ruhe. Hier allein haben Tyrannen keine Macht. Auf den Wasserflächen des Ozeans können sie sich noch schlagen und verfolgen, aber schon 10 Meter darunter hört ihre Macht auf. Ach, Monsieur, leben Sie mit mir im Schoß des Meeres. Hier allein ist Unabhängigkeit! Hier kenn ich keine Herren. Hier bin ich frei!«

ALAN VILLIERS

Die Heimat der Seeleute, 1954

Viele waren zur See gegangen, weil es das einzige war, was ihnen übrig blieb. Die meisten kamen aus übervölkerten Ländern, die wenig oder nichts zu bieten hatten. Die wilde unfruchtbare Küste von Norwegen, die schöne, aber karge Halbinsel Nevin in Nord-Wales, die sturmgepeitschten friesischen Inseln, die klippengepanzerte Küste von Maine, die übervölkerten dänischen Inseln, die traurigen Einöden vieler Gegenden der Ostseeküste Russlands – das war die Heimat der Seeleute. Die menschenwimmelnde Südost-Ecke von England, das volkreiche Holland, der mannhafte irische Vertriebene in Liverpool, der bretonische Franzose, die Insulaner von Madeira, den Kapverden, den Azoren stellten große Kontingente guter Seeleute. Und auch die indische Küste, denn einige britische Segelschiffslinien beschäftigten nur Laskaren-Mannschaften.

Die See war all diesen Menschen kein Notbehelf. In erster Linie war sie für die meisten eine Frage des Arbeitsplatzes, die Grundlage ihrer Existenz. Die Gründe, die sie zur Seefahrt gebracht hatten, waren so verschieden wie die Schiffe, auf denen sie dienten. Doch im großen ganzen reden nur Landbewohner vom »Ruf der See«. Ein Mann vor dem Mast blieb bei der Seefahrt, weil sie das einzige Leben war, das er kannte, und weil er, jung an Bord gekommen, jetzt eine gewisse Befriedigung darin fand, einem guten Segelschiff zu dienen. Vielleicht liebte er Schiffe und tat es auch, die See aber hasste er als einen grimmigen Feind. Von seiner ersten Reise an, sie mochte zwei oder drei Jahre gedauert haben, war er vom Landleben abgeschnitten. Danach fand er sich damit ab, dass er und Schiffe zusammengehörten. Das freie Umherschweifen gefiel ihm, trotz der Härten dieses Lebens, und dass er so wenig Geld hatte, machte ihm nichts aus. Oft verlor er das bisschen Geld, das er verdiente, beim Spiel oder er warf es zum Fenster hinaus. Er war das ideale Opfer für die Landhaie. Schon der Gedanke, »sich zu bessern«, erregte ihm Abscheu, ob er jung war oder alt. Er dachte nicht, wie Landbewohner denken. Die ganze Welt war ja sein, und sein Marlspieker war der Schlüssel zur Freiheit. Gewöhnlich starb er jung. Fieber rafften allzu viele dahin. Und andere holte die See.

JOSEPH CONRAD

Der Nigger von der NARZISSUS, 1897

Die Leute hatten sich eingelebt, und die halbstündlichen Schläge der Glocken beherrschten ihr arbeitsreiches Dasein. Tag und Nacht konnte man achtern am Ruder Haupt und Schultern eines Seemannes sehen, die sich in unerschütterlicher Ruhe über den wirbelnden Speichen vom Licht der Sonne oder der Sterne abhoben. Nur die Gesichter wechselten in regelmäßiger Folge. Es waren junge Gesichter, bärtige, dunkle, heitere und schwermütige; doch allen hatte die Brüderschaft der See ihren Stempel aufgedrückt. Alle hatten sie den gleichen aufmerksamen Ausdruck in den Augen, mit dem sie sorgsam auf Kompass und Segel achteten. Kapitän Allistoun schritt den ganzen Tag lang mit ernstem Gesicht, einen roten Schal um den Hals, auf der Poop hin und her. Oft tauchte er nachts in der Dunkelheit aus dem Niedergang auf, wie ein Gespenst aus dem Grabe, und stand wachsam und stumm unter den Sternen, während sein Nachthemd wie eine Flagge flatterte – dann verschwand er wieder lautlos nach unten. Er war an der Küste des Pentland Firth geboren. In seinen jungen Jahren war er auf einem Walfänger von Peterhead gefahren und hatte es bis zum Harpunierer gebracht. Wenn er von jener Zeit sprach, dann wurden seine ruhelosen, grauen Augen starr und kalt wie drohend aus der See aufragendes Eis. Später ging er zur Abwechslung auf Ostindienfahrt. Die NARZISSUS führte er von der Jungfernreise an. Er liebte sein Schiff und knüppelte es erbarmungslos; denn es war sein geheimer Ehrgeiz, einmal mit ihr eine besonders schnelle Reise zu machen, die man in den nautischen Zeitschriften erwähnen würde. Den Namen seines Reeders sprach er nur mit zynischem Lächeln aus. Mit seinen Offizieren redete er selten, und Versehen rügte er in höflichem Ton mit Worten, die ins Schwarze trafen. Sein Haar war stahlgrau, sein Gesicht hart und lederfarben. Er rasierte sich regelmäßig jeden Tag – morgens um sechs –, nur einmal war er an drei aufeinander folgenden Tagen nicht dazu gekommen, als ihn achtzig Seemeilen südwestlich von Mauritius ein heftiger Hurrikan erwischte. Er fürchtete nichts als einen unversöhnlichen Gott und wünschte seine Tage in einem kleinen Häuschen zu beschließen, mit einem Stück Grund und Boden dabei – weit im Lande – außer Sicht der See.

NIKOS KAVVADIAS

Die Wache, 1954

Wird sie die letzte Frau sein, mit der ich schlafe? … So viele haben schon Angst davor gehabt. Ich bin nicht der einzige, der Angst hat. Die andern auch, sie geben's nur nicht zu. Ich hab's in ihren Augen gesehen. Du kannst lange warten, wenn du meinst, dass dir die Seeleute irgendwann ihr Herz ausschütten. Die Wahrheit bringt Unglück. Uns selbst sagen wir sie manchmal, insgeheim, und dennoch haben wir Angst.

Was wir fürchten, ist nicht so sehr das Meer. Das beherrschen wir, und es beherrscht uns. Niemand kann die See so gut befahren, wie's die Griechen können. Griechen vom Bosporus, aus Marmara, vom Schwarzen Meer, Inselgriechen. Gezeichnete Gesichter. Kaputte Hände. Nörgler und Quengler. Von euch hab ich gelernt zu spleißen, einen Palstek und andere Knoten zu knüpfen. Gib ihnen das neueste Schiff. In einer einzigen Wache haben sie's umgemodelt. In der zweiten Wache haben sie's komplett auf sich zugeschnitten. Wirf sie ins schändlichste Klima. Ohne Kopfbedeckung. Ins vertrackteste Meer, in die schwierigste Fahrrinne. Ohne Lotsen und Karten.

»Schlaf immer bei angelehnter, nur eingehakter Tür«, sagte mir einmal Michalis, ein Bootsmann aus Spetses. »Bei einer Kollision, einer Havarie oder einer Explosion kann sich die Tür verklemmen, und du kriegst sie nicht mehr auf. Hab immer Streichhölzer griffbereit.«

Ich lachte.

»Da haben wir's, Blödmann«, sagte er und schüttelte den Kopf. »Du hast keine Angst, du Idiot, weil dir der Arsch noch nie auf Grund gegangen ist.«

In einem Altersheim in Piräus, mit Blick auf die verstaubten Bäume, ist er gestorben. Gestorben … Auch ich muss sterben. Wann? Nicht heute Abend. Das Land ist nah. Ich rieche es. Ich hab noch Reisen vor mir. Häfen. Es geht gar nicht anders. Frauen. Die Gassen von San Lorenzo, Genua und dich, Rue Bouterie, die du jetzt nur noch in den Bildern Dignimonts und in meinen Gedanken weiterlebst. Ihr schmalen chinesischen Straßen, an euren Türen hängt Opium- und Knoblauchmief. Bombay … Eisenkäfige, vollgestopft mit schwarzen Frauen, die nach Stier riechen. Algier … die Stufen zur Kasbah. Du bist auf Pistolenschüsse gefasst.

ÉDOUARD PEISSON

Fort aus Liverpool, 1932

Seit dem Tag, an dem er zum ersten Mal an Bord gekommen war, betrachtete er das Meer, und er legte in seinen Blick all seinen Verstand und all seine Liebe. Die See war für ihn wie ein Buch geworden, in dem er wieder und wieder las, ohne dass es ihm noch irgendwelche Überraschungen bereithielt. Er hatte eine Menge an Kenntnissen angehäuft und konnte beispielsweise recht genau vorhersagen, wie lange jemand von England nach Südamerika brauchen würde, ohne einen Blick in die Karte werfen zu müssen, denn er wusste den Breiten- und Längengrad fast jedes Hafens aus dem Kopf; auch kannte er die Kennungen der Leuchttürme und aller Feuer der wichtigsten Häfen und benötigte kein Leuchtfeuerverzeichnis. Doch hatte die See ihn einsam gemacht, geradezu von den anderen Menschen abgeschnitten. Und so war aus dem einst hübschen blonden, hoch aufgeschossenen und muskulösen jungen Mann ein vertrockneter, unruhiger Alter mit einem abgekämpften, von vielen Falten und Furchen gezeichneten, ja geschundenen Gesicht mit kurz geschorenem Haar von einem unbestimmbaren Grau geworden. Das Sprechen hatte er sich abgewöhnt. Und er hatte begonnen, seine Gedanken für sich zu behalten, er war einsilbig geworden, mürrisch, und pedantisch. Die jungen Offiziere, die zum ersten Mal bei ihm fuhren, waren verunsichert. »Sei auf der Hut! Du bist hier nicht zur Erholung! Hier wirst du einer Prüfung unterzogen, die schwerer ist, als Kapitän zu werden, und du wirst dich nicht davonstehlen können. Auf der Gangway erkennt man den Seemann. Unterstehe dich, ohne Ankündigung den Kurs zu ändern. Und sei ein guter Beobachter!«
Er bildete wirklich großartige Seeleute aus, und seine Offiziere liebten ihn trotz seiner Launen. Er wusste sie zu führen ohne sich als Gebieter aufzuspielen, er gab seine Fehler, wenn er denn welche machte, was sehr selten vorkam, unumwunden zu, und er verließ nie die Brücke, solange auf See noch die geringste Gefahr lauerte.

»Und überall, wo der Passat weht,
kenne ich keinen schöneren
Ort als das Deck eines Schoners.«

ROBERT LOUIS STEVENSON

Schiffe, Häfen
Auf Sauftour

JOSEPH CONRAD

Der Spiegel der See, 1906

Ja, Schiffe wollen verständnisvoll und mit Erfahrung behandelt werden. Man muss die Geheimnisse ihrer weiblichen Natur begreifen und ihnen rücksichtsvoll entgegenkommen, dann werden sie in dem endlosen Kampf gegen die Gewalten, in dem Niederlage keine Schande ist, treu zu dir stehen. Es ist ein sehr ernstes Verhältnis, das den Mann mit seinem Schiff verbindet. Auch das Schiff hat seine Rechte, so als ob es atmen und sprechen könnte, und es gibt in der Tat Schiffe, die, wie es heißt, für den rechten Mann alles tun, nur nicht sprechen.

Ein Schiff ist kein Sklave. Du musst es ihm auch im Seegang leicht machen und darfst nie vergessen, dass du ihm seinen vollen Anteil an deinen Gedanken, deinem Können und deiner Eigenliebe schuldest. Bist du dir dieser Verpflichtung als etwas Selbstverständlichem bewusst, so mühelos, als wäre es ein instinktives Gefühl, dann wird dein Schiff für dich segeln, über Stag gehen und laufen, solange es kann; es wird sich wie ein Seevogel auf der stürmischen See zur Ruhe begeben, und es wird den schwersten Sturm abwettern, der dich je daran zweifeln ließ, noch einen Sonnenaufgang zu erleben.

Der Ausschlachter, 1892

Aber San Francisco hat viele Gesichter. Es ist nicht nur die interessanteste Stadt der ganzen Union, nicht nur der größte Schmelztiegel der Rassen und edlen Metalle. San Francisco bewacht auch das Tor zum Pazifik, es ist der Hafen in eine andere Welt und eine frühere Epoche menschlicher Geschichte. Nirgends sonst kannst du so viele große Segler sehen, die hier aus China, aus Sydney, aus Indien, von rund ums Kap Hoorn zusammenkommen; und dort, zwischen den Hochsee-Giganten kaum beachtet, kreist eine andere Art von Gefährt auf dem Wasser: der Insel-Schoner, tief im Wasser liegend, mit hohen Masten und eleganten Linien, getakelt und gebaut wie eine Yacht, bemannt mit braunhäutigen, freundlichen, sanftäugigen eingeborenen Matrosen, bestückt mit großen Doppelender-Booten, die eine Mär von den lärmenden Stränden ihrer Heimat erzählen. Diese Schoner stehlen sich hinaus und wieder herein, unbeachtet von der Welt, ja selbst der Presse, bis auf eine Zeile im Zollbericht: »Schoner soundso für Yap und Südseeinseln« – sie stehlen sich fort mit wenig aufregender Fracht: Lachs in Dosen, Gin, Ballen bunten Baumwollstoffes, Damenhüten, Waterbury-Uhren, und kehren nach etwa einem Jahr zurück, bis oben hin zu den Traufen des Hauses beladen mit Kopra, oder tief schlingernd unter Schildpatt oder Perlaustern.

FRANZ WERFEL

Das Wrack von Paraggi, 1931

Nur fünf Minuten von dem Fischerneste
Im Klippenwinkel liegt das Wrack vertaut.
Es ist bis aufs Gerippe abgebaut.
Der hohle Thorax bloß bleckt sein Gebreste.

Das Meer-Aas starrt. Man denkt an Pferde-Reste
Auf Steppenstraßen mit geplatzter Haut.
Schon saust es rings, wenn rauh der Abend blaut,
Mit scharfen Schlägen her zum Vogelfeste.

So auch die Frauen lauern wie die Krähen,
Bis sich die Wächterschritte heimwärts spreizen,
Dann weiden sie das Aas, um Holz zu holen.

Sie rauben Sparren, Planken, Leisten, Bohlen,
Und wissen nicht, mit welchen Todes-Nähen
Und welcher Trauer sie die Hütten heizen.

Moby Dick, 1851

Ihr mögt euer Lebtag schon manch wunderliches Gefährt gesehen haben, schon recht; – quadratlatschige Logger; bergehohe japanische Dschunken; Galioten von den Käsköppen und was nicht alles; aber nehmt mein Wort darauf, nie saht ihr solch ein seltenes altes Fahrzeug wie diese selbe seltene alte PEQUOD. Sie war ein Schiff der alten Schule, eher klein als sonst was; mit einem altmodischen klumpfüßigen Aussehen (um sich herum). In den Taifunen und Kalmen aller vier Weltmeere lange gereift und wettergegerbt, war die Tönung ihres Rumpfes dunkel geworden wie der Teint eines französischen Grenadiers, der in Ägypten und Sibirien gleichermaßen gefochten. Ihr ehrwürdiger Bug schaute bärtig drein. Ihre Masten – geschlagen irgendwo an der japanischen Küste, wo ihre ursprünglichen in einem Sturmwind über Bord gegangen waren –, ihre Masten standen steif aufrecht wie die Wirbelsäulen der drei alten Könige in Köln. Ihre altertümlichen Decks waren runzlig und zerschlissen wie die von Pilgern zerkniete Steinplatte in der Kathedrale von Canterbury, wo Becket verblutete. Aber all diese ihre betagten Altertümer waren um neue und sonderbare Merkmale ergänzt worden, welche jenes wilde Geschäft betrafen, das sie seit mehr als einem halben Jahrhundert betrieb. Der alte Kapitän Peleg, für viele Jahre ihr Obermaat, bevor er selbst ein anderes Schiff befehligte, und nunmehr ein Seefahrer im Ruhestand und einer der hauptsächlichen Eigner der PEQUOD – dieser alte Peleg hatte während der Zeit seiner Obermaatschaft auf ihrer ursprünglichen Groteskheit aufgebaut und sie von vorne bis hinten mit einer Wunderlichkeit sowohl des Materials als auch der Erfindungsgabe ausstaffiert, dass es nicht ihresgleichen gab, es sei denn Thorkill-Hakes geschnitztes Schild oder seine Bettstatt. Sie war geschmückt wie irgendein äthiopischer Kaiser, dessen Nacken mit Gehängen aus poliertem Elfenbein schwer beladen. Sie war ein Trophäending. Ein Kannibale von einem Gefährt, sich aufputzend mit den erjagten Gebeinen ihrer Feinde. Rundherum war ihre unpaneelierte, offene Reling mit den langen scharfen Zähnen des Pottwals wie ein fortlaufender Kiefer verziert, anstelle von Belegnägeln eingesetzt, um daran ihre alten hanfenen Muskeln und Sehnen zu befestigen.

ALESSANDRO BARICCO

Novecento, 1994

Ladies and Gentlemen, meine Damen und Herren, Signore e Signori … Mesdames et Messieurs, willkommen an Bord dieses Schiffes, dieser schwimmenden Stadt, die aufs Haar der TITANIC gleicht, immer mit der Ruhe, bleiben Sie doch sitzen, der Herr dort hat gleich auf Holz geklopft, ich hab's genau gesehen, willkommen auf dem Ozean, was machen Sie eigentlich hier?, jede Wette, dass Ihnen die Gläubiger im Nacken saßen, Sie sind an die dreißig Jahre zu spät auf der Jagd nach dem Gold, Sie wollten sich mal das Schiff ansehen und haben dann nicht gemerkt, wie es losfuhr, Sie sind mal eben Zigaretten holen gegangen, und in diesem Augenblick sitzt Ihre Frau bei der Polizei und sagt, er war ein guter Mann, vollkommen normal, in dreißig Jahren nicht ein Streit … Also, was zum Teufel suchen Sie hier, dreihundert Meilen von jedem verdammten Stück Land entfernt und zwei Minuten vom nächsten Brechreiz?, Pardon, Madame, das war nur ein Scherz, keine Sorge, dieses Schiff läuft wie eine Kugel auf dem Billardtisch des Ozeans, klack, noch sechs Tage, zwei Stunden und siebenundvierzig Minuten und plopp, getroffen, New Yoooooork!

YUKIO MISHIMA

Der Seemann, der die See verriet, 1963

Ein Motorschiff hatte die RAKUYO-MARU ins Schlepptau genommen. Fusako und Noboru sahen, wie sich das Heck des Frachters langsam vom Pier entfernte. Die glitzernde Wasserbahn zwischen Pier und Schiff weitete sich fächerartig aus. Während Fusako und Noboru unverwandt auf das kaum noch sichtbare Blinken der goldenen Tressen an Ryujis weißer Offiziersmütze starrten, drehte sich das Schiff, bis es im rechten Winkel zum Pier stand.

Die RAKUYO-MARU nahm mit jeder Änderung des Winkels von einem Augenblick zum anderen neue, phantastische Formen an. In dem Maße, wie sich das Heck, vom Schleppboot gezogen, immer weiter entfernte, faltete sich das lange Schiff gleich einem Wandschirm zusammen. Die Aufbauten an Deck überschnitten sich, stapelten sich dicht bei dicht übereinander und ragten im Schein der Abendsonne, die ihre Strahlen in jede Vertiefung und Erhebung einmeißelte, wie eine mittelalterliche Burg in den Himmel. Aber auch das währte nur einen Augenblick. Das Schleppboot beschrieb einen großen Bogen, um den Schiffsbug in Richtung der offenen See zu drehen, und das komplexe Schachtelgebilde des Schiffes begann sich aufzulösen. Vom Bug angefangen, erhielt Teil für Teil seine ursprüngliche Form zurück. Die zeitweise aus dem Blickfeld verschwundene Gestalt Ryujis, klein wie ein Streichholz zwar und nur mit Mühe als Ryuji zu erkennen, wurde zusammen mit der japanischen Flagge sichtbar, als das Heck des Frachters wieder dem Land zugekehrt war, der funkelnden Abendsonne unmittelbar entgegengewandt.

»Let go, tug boat!« Vom Wind getragen klang die Stimme des Lautsprechers noch immer deutlich zu ihnen herüber. Das Schleppboot entfernte sich von der RAKUYO-MARU.

Der Frachter blieb unbeweglich liegen und ließ dreimal die Sirene ertönen. Einen Moment herrschte beängstigendes Schweigen – eine Stille, als wären Ryuji an Bord des Schiffes und Fusako und Noboru am Pier in derselben leimartigen Zeitspanne gefangen.

Endlich gab die RAKUYO-MARU das Abfahrtszeichen. Zum letzten Mal heulte ihre gewaltige Sirene auf, deren Ton den ganzen Hafen erschütterte und in jedes Fenster der Stadt drang – in die Küchen, in denen die Hausfrauen das Abendessen anrichteten, in die Zimmer der schäbigen kleinen Hotels, wo die Bettwäsche nur selten gewechselt wurde, in die Klassenräume der Schulen, auf Tennisplätze und Friedhöfe. Überall erfüllte dieser Abschiedsruf die Menschen für einen Augenblick mit Wehmut und zerriss erbarmungslos selbst die Herzen der Unbeteiligten. Weißer Rauch stieg auf, das Schiff nahm Kurs auf die offene See. Ryujis Gestalt entschwand Fusakos und Noborus Blicken.

HEINRICH HAUSER

Die letzten Segelschiffe, 1930

An Deck: Herrgott! Nie habe ich geglaubt, dass das so wunderbar sein könnte. Ich kann es nicht beschreiben. Der Anblick dieser gigantischen Türme aus Leinwand ist mir ungeheurer als das Schiff des höchsten Doms. Es macht mir den Kopf brausen. Es verwirrt. Es ist so feierlich. Das Gefühl des sanften und unwiderstehlichen Zuges, der uns davonträgt, macht den ganzen Körper wie schwebend. Die vier großen Sparren mit ihren Querbalken sind eine Welt geworden, eine Welt voll wundervoller Formen und unglaublicher Farben. Die frühe Sonne wirft ein verklärtes und gespenstisches Licht auf Farbschatten von dumpfem Grau bis zu durchscheinend orangefarbenem Gelb. Das Alter, der Gebrauch und die Stellung der Segel zum Licht bestimmen den Farbton. Sie sind alle ganz verschieden. Jedes einzelne hat seine besondere, wundervolle Form. Da sind die weit geschwungenen Kurven am unteren Rand der Rahsegel, die tiefe Schwellung ihrer geblähten Leiber. Da sind die gekurvten Dreiecke der Stagsegel, die unglaubliche Eleganz der gestaffelten Vorsegel, zwischen Fockmast und Klüverbaum.

Das ganze Wesen des Schiffes ist völlig verändert. Es ist jetzt nicht mehr so, dass der Rumpf die Masten trägt, sondern die Masten tragen den Rumpf, stützen ihn mit ihren Segeln gegen die anlaufenden Seen, tragen ihn schwebend vorwärts, immer vorwärts, saugend und pressend zugleich. Es weht eine tüchtige Brise, aber merkwürdig windstill ist es an Deck. Wir sind auf einer Insel der Winde.

Ganz anders klingen heute die Stimmen der Matrosen, die in der Takelage arbeiten, ganz anders die Stimmen von Kapitän und Steuermann. Nicht mehr wie aus bedrängter Brust heraus, sondern frei, aus voller Kehle, heiter.

Ich bin in einem Rausch, alles aufzunehmen, festzuhalten die Formen, die Farben, die schwankenden Schatten des Tauwerks auf den Segelflächen. Das Federwerk meines kleinen Filmapparates knattert wie ein Maschinengewehr. Ich kann es nicht mehr aushalten an Deck, ich muss hinauf in die Masten.

Dreimal bin ich oben gewesen. Das Schiff krängt nach der Leeseite, sodass man auf den Spitzen der riesigen Bäume über Wasser hängt. Da oben ist alles noch viel schöner und unglaublicher,

sodass es mir völlig unbeschreiblich vorkommt. Eine einzige Rah scheint größer als das ganze Schiff, und sie ist so festgefügt und dick; man liegt auf ihr so sicher wie in einem breiten Bett, und da tief, tief unten ist das Schiff ganz klein und weht dahin über die glitzernd blaue, schaumstreifendurchzogene See. Der Wind braust und stemmt sich gegen den Mast, fest, bestimmt, mit sicherem, starkem Griff. Und er treibt uns voran.

JOACHIM RINGELNATZ

Segelschiffe, 1932

Sie haben das mächtige Meer unterm Bauch
Und über sich Wolken und Sterne.
Sie lassen sich fahren vom himmlischen Hauch
Mit Herrenblick in die Ferne.

Sie schaukeln kokett in des Schicksals Hand
Wie trunkene Schmetterlinge.
Aber sie tragen von Land zu Land
Fürsorglich wertvolle Dinge.

Wie das im Winde liegt und sich wiegt,
Tauwebüberspannt durch die Wogen,
Da ist eine Kunst, die friedlich siegt,
Und ihr Fleiß ist nicht verlogen.

Es rauscht wie Freiheit. Es riecht wie Welt. –
Natur gewordene Planken
Sind Segelschiffe. – Ihr Anblick erhellt
Und weitet unsre Gedanken.

ROGER VERCEL

Die Unheimliche, 1941

Die ROSE-MARIE ist ein armseliges Schiff gewesen, selbst für einen Kabeljaufänger auf Neu-
fundlandfahrt. Am Kai unterhalb der rötlichen Felswand vertäut liegend, ähnelte es mit seinen
niedrigen Bordwänden und dem besonders ungeschlachten Heck vielmehr einem Holzschuh
mit Masten. Sein Reeder hatte es nach und nach ausgerüstet und mehr Teer als Farbe ver-
wenden lassen. Er beklagte die Anschaffung von neuem Tauwerk, und er protestierte, als der
Kapitän davon sprach, die Segel zu ersetzen. Und bei seiner Weigerung gegenüber den Charte-
rern der Schonerbrigg, die nötigen Einbauten zu bezahlen, blieb er hartnäckiger als so mancher
in Verruf geratene Hausbesitzer in seinem Widerstand gegen Reparaturarbeiten. Man munkelte
gar, die alte und leckende ROSE-MARIE sei zu einer Summe versichert, die weit über ihrem Wert
lag, und es hieß, ihr Reeder wünschte sich nichts sehnlicher als einen Wassereinbruch, bei dem
das Schiff auf Grund ginge. Die Männer der Mannschaft widersprachen nicht im Geringsten,
sondern bestätigten:
»Das Schiff ist überreif, wie eine Kastanie an Allerheiligen. Eines Tages werden die Nähte
aufreißen, und das Schiff wird unter unseren Hintern in den Fluten versinken. Doch da gibt es
einen, für den ist das kein Verlust!«

MICHEL TOURNIER

Das Unwetter, 1971

Am Spätnachmittag des 29. September 1759 verdunkelte sich plötzlich der Himmel über dem Juan-Fernandez-Archipel, der etwa sechshundert Kilometer von der chilenischen Küste entfernt liegt. Die Mannschaft der VIRGINIA lief auf dem Deck zusammen, um die Flämmchen zu sehen, die an den Spitzen der Masten und Rahen aufzuckten. Es waren Elmsfeuer, elektrische Lichterscheinungen der Atmosphäre, die ein heftiges Gewitter ankündigen. Glücklicherweise hatte die VIRGINIA, auf der Robinson reiste, selbst vom stärksten Sturm nichts zu befürchten. Sie war eine holländische Schonerbark, ein plump gebautes Schiff mit niedrigen Masten, daher schwerfällig und langsam, aber bei rauer See außerordentlich tüchtig. Als nun Kapitän Pieter Van Deyssel an jenem Abend sah, dass ein Windstoß eines der Segel platzen ließ wie einen Luftballon, befahl er seinen Leuten, die übrigen Segel zu reffen, mit ihm unter Deck zu gehen und die Luken dichtzumachen, bis der Sturm vorüber sei. Die einzige Gefahr drohte von Riffen oder Sandbänken, aber auf der Seekarte war nichts dergleichen verzeichnet, und es schien, dass die VIRGINIA Hunderte von Kilometern vor dem Sturm würde dahinjagen können, ohne auf ein Hindernis zu stoßen.

So spielten der Kapitän und Robinson in aller Ruhe Karten, während draußen der Orkan tobte. Damals, nämlich um die Mitte des 18. Jahrhunderts, wanderten viele Europäer – vor allem Engländer – nach Amerika aus, um dort ihr Glück zu machen. Robinson hatte seine Frau und zwei Kinder in York zurückgelassen, denn er wollte Südamerika erforschen und sehen, ob sich zwischen seinem Vaterland und Chile fruchtbare Handelsbeziehungen anknüpfen ließen. Vor ein paar Wochen hatte die VIRGINIA den amerikanischen Kontinent umsegelt und wacker das gefürchtete Kap Hoorn passiert. Jetzt hielt sie Kurs auf Valparaiso, wo Robinson an Land gehen wollte.

»Glaubt Ihr nicht, dass dieser Sturm unsere Ankunft in Chile beträchtlich verzögern wird?«, fragte er den Kapitän, während er die Karten mischte.

Der Kapitän betrachtete ihn mit ironischem Lächeln und streichelte dabei das Glas mit Genever, seinem Lieblingsschnaps. Er besaß viel mehr Erfahrung als Robinson und machte sich oft über dessen jugendliche Ungeduld lustig.

»Wenn man eine Reise unternimmt, wie Ihr sie jetzt macht«, sagte er, nachdem er einen Zug aus seiner Pfeife getan hatte, »dann sticht man in See, wann es einem gefällt, aber an Land geht man, wann es Gott gefällt.«

JAMES FENIMORE COOPER

Der rote Freibeuter, 1828

»Ich habe oft vom Roten Freibeuter oder, wie die Leute ihn auch nennen, Roten Korsaren erzählen hören«, bemerkte der Jüngere, »aber Genaueres habe ich bisher noch nicht erfahren.«
»Wie solltest du auch, junge Landratte? Die Nachrichten von der See kommen nicht bis zu deinem Bauernhof. So etwas ist nur für uns, die in einem belebten Hafen wohnen. Doch lassen wir das; du wirst zu spät nach Hause kommen«, setzte er hinzu.
»Den Namen haben sie von ihrem Anführer«, erwiderte mit wichtiger Miene der ehrwürdige Kleidermacher. »Es ist sein Name und auch der Name seines Schiffes. Jedenfalls hat niemand, der mal den Fuß auf seine Planken setzte, das Schiff wieder verlassen, um zu sagen, ob es einen anderen Namen führe. Niemand, das heißt kein ehrlicher Seemann oder braver Passagier. Das Schiff soll übrigens nach Größe und Ausrüstung einem königlichen Kriegsschiff gleichen und wie durch ein Wunder ist es schon mancher Fregatte entgangen. Einmal schien es gar unter den 50 Kanonen eines Linienschiffes vor aller Augen wie ein Klumpen Blei zu versinken und am nächsten Morgen lief in den Hafen ein Westindienfahrer ein, den der Seeräuber in der Nacht nach seinem Untergang rein ausgeplündert hatte; und während das Linienschiff ausgebessert werden musste, fuhr das Piratenschiff an der Küste spazieren, so heil, als wäre es eben vom Stapel gelaufen.«

JEAN-MARIE GUSTAVE LE CLÉZIO

Raga, 2006

Raga verschließt sich und rückt in die Ferne.

Mir fällt die Leichtigkeit ein, mit der jeder seiner Bewohner davonfliegt, wie einst, als sie am Rand des Kliffs standen und ihr Blick den Horizont absuchte, bevor sie mit der Piroge in See stachen.

Ich denke an Willie Orion Bebé, an die schon recht lange Geschichte seines Lebens, die ihn vom Dorf Bunlap bis in die Nickelminen von Neu-Kaledonien führte, ihn Matrose an Bord eines Küstenschiffs werden ließ, das zwischen den Inseln verkehrte, und dann Geschäftsmann an der Bucht von Homo. Heute würde er gerne wieder aufbrechen in ein Land, das er nicht kennt, Queensland in Australien, denn er hat geträumt, er würde dort Nachkommen der Menschen antreffen, die die *Blackbirders* einst verschleppten. Ich denke an die Leute von Aneityum, den Banks- und Salomon-Inseln, die bereit sind, ins Exil nach Amerika, Neuseeland oder Frankreich zu gehen, auf der Suche nach Geld und Arbeit, aber auch nach neuen Erfahrungen. An die Mao'hi-Frauen auf Tahiti, an die Melanesierinnen, die auf dem Deck der Schiffe, ohne Plan, ohne Verpflegung, mit einem unverbrüchlichen Vertrauen auf ihren guten Stern, zu allen Inseln reisen, so als hätte es nie Grenzen gegeben. Schwester Winchester, die von Anaa kommt und die Leute der Markiseninseln kennenlernen möchte, Schwester Gladys, die bereit ist, überall hin zu gehen, wohin ihr Glaube sie ruft, nach Afrika oder Vietnam. Charlotte Wèi, die sich jederzeit auf jenem Frachter einschiffen kann, der die Kavasäcke transportiert, um ihre geflochtenen Matten und Körbe auf dem Markt von Efate, Lifou oder Nouméa zu verkaufen – und alle ihresgleichen, Frauen, die man auf staubigen Kais trifft, denen Wind und Sonne oder Hunger und Angst nichts anhaben können, nicht weil sie verhärtet wären, sondern weil sie ihre Freiheit mehr lieben als ihre Bequemlichkeit.

DAVID R. MCGREGOR

Klipper, 1973

Für den Sprachgebrauch der Gegenwart lag das Zeitalter der Klipperschiffe zwischen den Jahren 1840 und 1870. Jedes scharf gebaute feinlinige Schiff dieser Epoche verdient die Bezeichnung »Klipper«, während ähnliche Schiffe älteren Datums als »frühe Klipper« eingestuft werden. Andererseits neigt man bei entsprechend gebauten Fahrzeugen des achtzehnten Jahrhunderts zu Beschreibungen wie »feinlinig« oder »scharf gebaut« mit dem gelegentlichen Zusatz, dass sie zu den Vorfahren der Klipper zu rechnen seien.

Nachdem man erkannt hatte, dass durch die Bezeichnung eines Schiffes als »Klipper« eine besonders hohe Frachtrate erzielt werden konnte, waren Makler und Eigner leider sehr rasch damit bei der Hand, das Wort auch für jedes völlig gebaute Schiff, das einmal eine schnelle Reise gemacht hatte, zu verwenden. So begann das Wort bereits vor dem Erscheinen der echten Klipper in den ausgehenden vierziger Jahren des vorigen Jahrhunderts eine nach heutigem Wissensstand zweifelhafte Nebenbedeutung zu erhalten (…)

Das Vorkommen der frühen Klipper beschränkte sich meist auf Fahrzeuge, die für begrenzte Spezialaufgaben, wie den Transport von Obst, Opium, Tee, verderblichen Gütern, Passagieren und Post, eingesetzt wurden. Außerdem fand der Typ des Klippers Verwendung bei Kaperschiffen, Sklaventransporten, Schmuggelfahrzeugen, Zollkuttern, kleinen Marineeinheiten und natürlich auch bei Yachten (…)

In allen Handelszweigen entstand das Bedürfnis nach kürzeren Lieferzeiten, sodass schnellere Schiffe höhere Frachtraten erzielten. Entsprechende Aufträge von interessierten Reedern trafen erst relativ spät bei den Werften ein, sodass die ersten wirklich extremen Klipper nicht vor 1853 vom Stapel liefen.

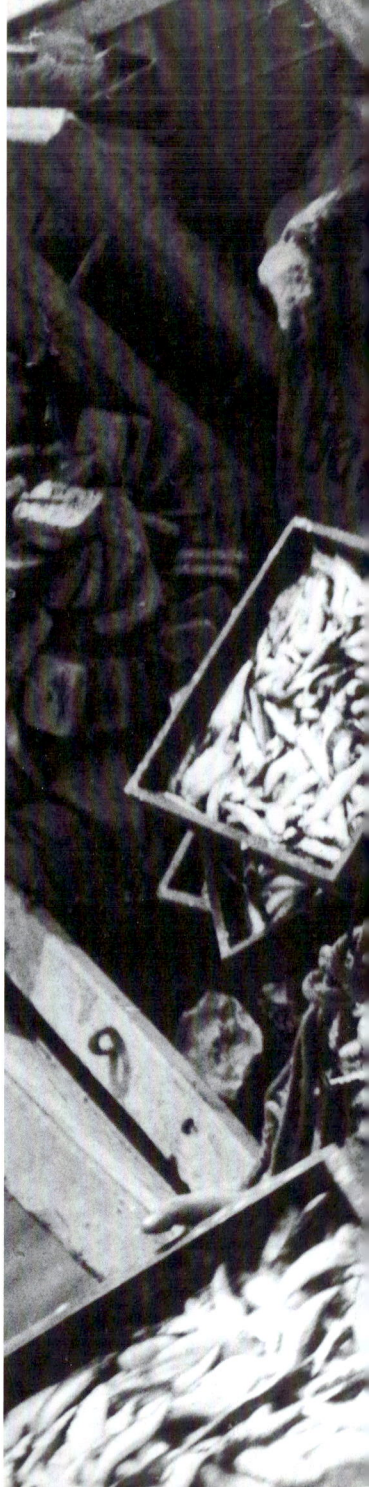

HENRI QUEFFÉLEC

Die Fischer von Fécamp, 1936

Steh auf, denk nach über diesen Faulpelz, der sich am ersten Januar tief in seine Betttücher einkuschelt eben in der Zeit, da ein blanker, fetter Schwarm von Kabeljaus wie eine kühne Flut die »Großen Sandbänke« überflutet, auf denen sich gerade erst junge Hechte eingerichtet hatten. Schau hin, Schwachkopf, schau hin! Darüber könnte einem die Zunge heraushängen wie einem Hund. Eine ganze Nation von Fischen, im Begriffe abzuwandern, und gerade beim Schlemmermahl. Schlachtfeld und Saal des Festmahls sind hier in ein und demselben Magma von Strudeln und Massakern vermischt. Tod den Hechten! Ins gemeinsame Grab der Bäuche, ihr Schwächlinge! Immer 'ran, Freunde, hier habt ihr noch mehr! Sind sie nicht hübsch ausgefranst, eigens damit man sie verschlingt, diese geschmeidigen und saftigen Säbel, die nun gleich unsre Verdauungssäfte aufreizen werden? Nahrung im Norden, Nahrung im Süden, Nahrung im Schlamm, Nahrung im weichen Wasser! Nahrung, Nahrung, Nahrung. Bei der vierten Zeitansage im Radio werden genau sechs Milliarden verschlungen worden sein. … sechshundert Millionen … sechshunderttausend Sack Mus und Matsch … Schmelzt hin, Augen der Hechte, schmelzt hin, ihre Gräten und ihre Kiemen, dass im Handumdrehen hier alles zu funkelndem Fleisch von Kabeljaus werde! Ich nenne euch alte Vetteln, ihr Kabeljaus, ich, der Fischer in der Erholungspause (…) Wartet nur, bis die Schiffe wiederkommen, ihr kleinen Dorsche und Kabeljaus, die Schiffe und ihre listigen Sammlungen von Geräten …

JOACHIM RINGELNATZ

Matrosen, 1928

Herzlos ist die See und sind ihre Wetter. In den Runzeln und Falten alter Seemannsgesichter kann man's lesen.

Nur zähe Naturen halten den Seemannsberuf aus. Allerdings ist die stete Bewegung in freier Salzluft die beste Abwehr gegen Krankheiten. In vielen Fällen haben sogar schwere Krankheiten an Bord sozusagen sich von selbst geheilt.

Die harte Arbeit stählt den Körper. Auf See gehen die Matrosen meist Wache um Wache, vier zu vier. Das heißt, sie haben vier Stunden Dienst und dann vier Stunden Schlaf und das abwechselnd so weiter durch Tag und Nacht. Aber in die Schlafzeit fallen ihre Mahlzeiten und ihre privaten Verrichtungen.

Der lang befahrene Seemann, der sich mit Ersparnissen rechtzeitig vom Beruf zurückzieht, um sein Leben an Land zu beschließen, erreicht meist ein hohes Alter.

An Bord sterben wenige eines natürlichen Todes. Das Seemannsbegräbnis auf hoher See, da man den Toten in Segeltuch einnäht und ins Meer versenkt, ist kein häufiger Fall.

Aber Unwetter und Unglücksfälle aller Art drohen den Matrosen. Das Wasser hat keine Balken, und die Haifische haben Hunger. Alljährlich verschlingt die See zahllose Opfer. Dass die meisten Matrosen nicht schwimmen können, hat damit kaum etwas zu tun.

Ein armselig tapferes Volk sind diese Matrosen. Auf Walfischfängern, auf Fischerbooten, auf Seglern und Dampfern.

PIERRE MAC ORLAN

Die Lieder der Matrosen, 1918

Alle Häfen dieser Welt haben einen Pablo und seine Señora, kennen kosmopolitische Kneipen, belebende Genüsse, schöne Mädchen und ihre Zuhälter.

Aber in der urigen Kneipe von Pablo und seiner Frau, jener alten Dame mit dem ebenholzschwarzen Haar, gibt es ein ganz besonderes Mädchen, das man Conchita, oder, ganz vertraulich, Chita nennt. Man kann um die ganze Welt fahren, kann sich in Port Said, Colombo, Hanoi und San Francisco umsehen, aber nirgendwo wird man eine so schöne, animalische, perfekte, ja eine so goldige Tänzerin finden. Denn es gibt keine zweite Mulattin wie diese kesse Raubkatze, und Chita ist wahrhaftig die munterste, die wildeste und zugleich dienstfertigste aller Bräute. Chita tanzt für diejenigen, die keine Familie, keine Verlobte, keine Heimat haben; für jene, die mit ihren breiten Schultern, ihren Messern und ihrem von Natur aus weichen Herzen allein und einsam geblieben sind. Diese Frau ist einfach so. Sie hat so eine Art, sich den Männern zu widmen, bis jeder einzelne von ihnen bereit ist, sich zu entblößen und unter ihren schönen kühlen Augen seine geheimsten Gedanken und Gefühle, seine wohlgehütete Rührung und seinen Kummer auf ihrem rotgelb karierten Taschentuch auszubreiten.

Wenn die Mulattin im Haus der Señora beim Fandango und dem Zapateado ihre Röcke schürzt, sieht man nicht selten die Fröhlichkeit aus den Gesichtern der Männer schwinden.

Und wenn ein Matrose, der betrunkener ist als die anderen, sich zu erheben und seine Gedanken mit einer an Conchita gerichteten Gebärde auszudrücken versucht, zwingen ihn die anderen, sich wieder zu setzen, und der Matrose wird schwermütig. Dann kann machen was man will: Er wird solange sitzen bleiben, bis er keinen Piaster mehr in der Tasche hat, ganz ruhig, wie ein Kind.

Später dann, auf See, wird sich der Junge an seine hübsche Herzensdame erinnern, aber dann ist es zu spät, und seine ohnmächtige Wut wird ihn nicht vor seinem bitteren Katzenjammer retten können, der, glaubt man den Soldaten, nichts anderes ist als ein schreckliches Missverständnis zwischen der brutalen Passivität und der allzu sentimentalen Erinnerung.

WILLIAM BLIGH

Die BOUNTY, 1790

Das Schiff wurde THE BOUNTY (die Wohlthat) genannt, und ich erhielt das Kommando desselben am 16ten August 1787. Seine Last war von beinahe zweihundert und fünfzehn Tonnen: die größte Länge des Verdecks betrug neunzig Fuß und zehn Zoll; die größte Breite vier und zwanzig Fuß drei Zoll, und die Höhe im Raum *(hold)* unter den Querbalken zehn Fuß drei Zoll. Im untern Raume des Hintertheils *(cockpit)* hatten der Wundarzt, der Konstabel, der Botanist und der Schiffsschreiber ihre Kajüten; auch waren daselbst das Behältnis des Proviantmeisters *(steward)* und die Vorrathskammer befindlich. Zwischen den Verdecken hatte man folgende Abtheilungen beliebt. Die große Kajüte war der Aufbewahrung und Erhaltung der Pflanzen gewidmet, und ging bis an die hinterste Öffnung im Verdeck. Das Licht fiel an zwei Stellen von oben durch große Fenster hinein, und an beiden Seiten waren drei Öffnungen für den Luftzug befindlich. In einen falschen Boden, der darin angebracht war, hatte man Löcher geschnitten, welche die Töpfe enthalten sollten, worin wir die Pflanzen zu transportiren gedachten. Das Verdeck war mit Blei belegt, und vorwärts, in den Ecken der Kajüte, waren Röhren angebracht, die das von den Pflanzen ablaufende Wasser in unten stehende Tonnen ableiteten, damit es wieder zu fernerem Gebrauche dienen könnte. An einer Seite hatte ich eine kleine Schlafstelle, dicht an der großen Kajüte, und in der Mitte des Schiffs ein Speisezimmer. Die Wand dieses Zimmers gränzte an das Hintertheil der Hauptöffnung im Verdeck, und zu beiden Seiten desselben waren die Plätze der Steuermannsgehülfen und Midshipmen (oder Cadetten), zwischen denen der Kasten mit den Gewehren stand. Der Obersteuermann oder Schiffsmeister *(master)* hatte seine Schlafstelle der meinigen gegenüber, und in derselben wurde der Schlüssel des Gewehrkastens aufbewahrt. Diese Beschreibung von dem Inneren des Schiffes war wegen des Ausgangs nöthig, den die ganze Expedition genommen hat.

HANS LEIP

Die Mole, 1927

Ein Lichtstreif brach über mein Bett. Ein Dampfer brummte hinter der Wand.

Die Wirtshäuser spucken etliches hinter mir her. Aus krummen Fenstern riecht es nach Magenüberfülle, strammer Schnaps ist in Backstein-Bastionen über den grünen Deich gesetzt.

Ihr Brücken, ihr Werften, Häfen der Welt! Helle Mole, die in meinen Schlaf stößt!

Die Kette der Unentwegten rasselt in meine Kammer. Breitspurig wetzen die Lüfte, ob Pol, ob Gleicher, durch die sturen Büxen. Wenn sie prall sind von Sir Walter Raleighs Tobak, von Flüchen, Sprit und hellblauer Seemannstreue, fliegen sie auf wie Jahrmarktsballons, treffen gegen die Schiffsbäuche, springen ab und schluchzen im Brackwasser nach Kokoshainen und unbefleckten Teeschürzen. Der harte Pfiff stößt von Steuerbord, reißt sie, hepp, auf den Auslug, reißt die Trossen los, ruhig durchstechen sie das ewig versoffene Abenteuer und den Wust der Erinnerung. Die Mole ist ihrer aller Zunge, leckt noch einmal die unermesslichen Steamerflanken. Aber die Dampferschlote sind Hündchen vor der Ferne, gierig, winselnd, schnupperig. Kleine Mole, helle Molenzunge, die mich trägt. Ein Schnalz, ein Zuck, da fliege ich mit. Du durchstößt die Horizonte, brichst steil aus der Böschung der Welt. Lieb mich! Hingegeben bin ich dir, deiner starren Süße! Lieb mich doch. Angst hab' ich vor den blauen Matrosenhosen und vor dem schwarzen Speichel Menschheit, der von dir rinnt.

Still! Nun fangen sich die Kajütenkäfige voll an dir, viele Straßen lang. Ist mein Herz mein grauer Kinderhänfling hinter den weißen Reelingstangen? Sing, kleiner Hänfling! Flenne nicht in das seidene Himmelstuch! Die weite Welt muss auf und davon.

Liebster, ich will der schwarzrotgelbe Flicken sein in der großen Flagge, das Seufzen hinter der Pinasse, die allerletzte Tauschlaufe, über die deine Hand geht, wenn dein Angesicht sich dem Meere preisgibt.

Wie weit bist du weg!

Ein grüner Deich. Das ist ein langer Grabhügel, wenn man zurückmuss in ein leeres Haus.

PIERRE LOTI

Die Hochzeit von Loti, 1880

Die Königin gab einst einen Ball für den General-
stab einer Fregatte, die zufällig vorübersegelte …
Durch die offenstehenden Türen des Salons
ließen sich die europäischen Beamten, die Hof-
damen und das gesamte, in Galauniformen
gekleidete Dienstpersonal der Kolonie betrach-
ten, die sich dort eingefunden und aufgereiht
hatten. Draußen, in den Gärten, herrschte ein
reges Treiben, ja ein wildes Durcheinander. Die
Gefolgsleute und alle jungen Frauen waren eben-
falls in Festgewänder gekleidet und mit Blumen
gekränzt und fanden sich zu einem grandiosen
upa upa zusammen. Sie würden zu den Schlägen
der Trommeln bis zum Morgen weitertanzen. Das
taten sie allerdings barfuß, während drinnen bei
der Königin das Klavier erklang und man seidene
Stiefeletten trug.

Und die Offiziere, die sowohl unter den Frauen
drinnen wie unter denen draußen, also in beiden
dieser so unterschiedlichen Welten, Freundinnen
oder Geliebte gefunden hatten, wechselten ohne
Umschweife und mit jener seltsamen Nachlässig-
keit, welche eben die Sitten Tahitis erlaubten, hin
und her …

PETER HUCHEL

Der Hafen, ca. 1948

Schwarze Klippe,
meerumsaust,
wo die Möwe schreiend jagt,
wo des morschen Boots Gerippe
in den Winterhimmel klagt.

Stadt voll Rauch
und Trangeruch,
Walfischfänger und Schaluppen,
Nebel weht um Pfahl und Schuppen
wie ein rissig Segeltuch.

Der Wechsler im Keller
zählt sein Geld,
auf schmutzige Teller
den Jammer der Welt.

Kräne und Kohlen,
Fässer voll Teer,
an eiserne Molen
brandet das Meer.

Schiffe, Masten,
faulige Fracht,
in nassen Netzen
klebt noch die Nacht.

Der des Schiffshunds leisen Schlaf
nicht stört,
der Alte knüpft das Segel auf,
der den leisen Atem der Ferne hört,
die Strömung kennt, der Sterne Lauf,
er weiß, wo die große Stille ruht.

Des Himmels graues Segel rauscht,
vom Wind gehisst, und reißt.
Aufglänzt das morgengrüne Meer,
die Eisdrift treibt die Sonne her
und Feuer trägt die Nebelflut.

Danksagung

An erster Stelle möchte ich André Linard danken, dessen Begeisterung für die Literatur der Meere ich schon seit langer Zeit teile.

Bruno Foligné, Pierrick Stervinou, Patrick Huet, Dominique Abraham, Dominique Clauzier und Jeanne Tocqueville haben ebenfalls viele interessante Gedanken zu unserem Thema beigetragen.

Dank gilt auch Kim Savina und Laurence Le Doaré, die die Fotos dieses Bandes zusammengestellt haben, welche die Leser zu ganz besonderen Reisen inspirieren sollen.

Dank geht auch an all die Buchhändler und Antiquare, die mich in den letzten Jahren an ihren Entdeckungen teilhaben ließen und in ihre Vorlieben eingeweiht haben.

Und wir alle verbeugen uns dankbar vor denen, die uns zu dieser köstlichen Lektüre verholfen haben.
Nathalie Couilloud

Bildnachweis

Yann Tierny/Explorer/Hoa-Qui: 11. Gilles Martin-Raget/Hoa-Qui: 12/13, 24/25, 38, 72, 76, 89, 92/93, 95, 178, 181, 203, 241, 245, 250, 281. Doug Allan/NPL/Jacana: 15. Michaël Friedel/Rapho: 18, 31, 53, 62, 96/97. Xavier Desmier/Rapho: 21, 190/191, 231. Keystone-France: 22, 37, 42, 47, 69, 101, 112, 127, 145, 153, 160/161, 189, 206/207, 218/219, 222, 235, 255, 256. Willy Ronis/Rapho: 26. Edouard Boubat/Rapho-Top: 29, 225, 229. Jean-Philippe Charbonnier/Rapho-Top: 32, 50, 83, 133, 177, 232. C. Jouan/R. Rius/Hoa-Qui: 34/35. Kevin O'Hara: 40. Sylvain Grandadam: 44. Rafa Fierres: 49. Paco Ayala: 55. Delphine Aures/Jacana: 56, 90. Valentin Emmanuel/Hoa-Qui: 59. Philippe Roy/Hoa-Qui: 60, 79. Gamma: 65. P. Michael/Photoz/Aka: 66. Rassias Evangelis/Gamma: 70. R. Matina: 75. David Noton: 81. M. & M. Orton/Age Fotostock/Hoa-Qui: 85. Jürgen Freund: 86/87. Photographer 2210/ Imagestate: 98. Lou Grive/Grandeur Nature: 102/103. Michel Huet/Hoa-Qui: 104. Tim Edwards/NPL/Jacana: 106/107. Michel Dugast/Hoa-Qui:109. Véronique Durruty/Hoa-Qui: 111. Hervé Mascot/Hoa-Qui: 115. Olivier Duffau: 116. C. Jouan/J. Rius/Jacana: 118/119, 216. Jean-Claude Varga/Keystone-France: 121. Eric Baccega/Jacana: 122/123. Jacques Boulay: 125. Franco Pace: 129. Benali-Poulet/Gamma: 130/131. Marevisión: 135. Gérard Sioen/Rapho: 136/137. Francis Demange: 139. Jean-Erick Pasquier/Rapho: 141, 158, 221. Christophe Boisvieux/Hoa-Qui: 142/143, 227. Nicolas Le Corre: 147, 154, 163, 183. Cyrille Dupont/Gamma: 148. André Gamet/Rapho: 151. Rapho: 157. Pele Coll/Stills/Gamma: 164. Tait Selwyn: 167. Michael S. Nolan/Age Fotostock/Hoa-Qui: 169. Photographer 9065/Imagestate: 173. Colin Monteath/Imagestate: 174/175. Kennan Ward/Imagestate: 185. Richard Manin/Hoa-Qui: 187. Patrick de Wilde/Jacana: 193, 210. Alberto Cassio/Imagestate: 195. Hans Silvester/Rapho: 196/197. Ragnar Axelsson/Gamma: 199. Patrick Mesner: 200. Colin Mead/Imagestate: 204. Eric Brissaud: 209. Francoise Huguier/Rapho: 213. Laurent Monlaü/Rapho: 214/215. Emile Luider/Rapho: 236, 253, 282. Christian Février: 239. Laurent Giraudou: 242/243. Francois Le Diascorn/Rapho: 246/247. Alfred Wolf/Hoa-Qui: 249. So/Grandeur Nature: 259. Imaginable/Age Fotostock/Hoa-Qui: 260. Steve Dunwell/Age Fotostock/Hoa-Qui: 263. Michel Renaudeau/Hoa-Qui: 265, 278/279. Sylvain Grandadam/Hoa-Qui: 266. André Gamet/Rapho: 268/269. Georges Dussaud/Rapho: 270. Gilles Guittard/Hoa-Qui: 273. Trapman/Hoa-Qui: 274. Robert Doisneau/Rapho: 277.

Autoren- und Quellenverzeichnis

Der Verlag dankt allen Personen und Institutionen für die Erteilung der Abdruckgenehmigungen.

Leider ist es jedoch trotz intensiver Recherche nicht möglich gewesen, sämtliche Rechteinhaber ausfindig zu machen. Sollten nicht korrekte Rechteverweise oder nicht ermittelte, berechtigte Forderungen auftauchen, so bitten wir um Nachsicht und eine entsprechende Nachricht.

Amado, Jorge; *Die Abenteuer des Kapitäns Vasco Moscoso*: OS VELHOS MARINHEIROS. Aus dem brasilianischen Portugiesisch von Curt Meyer-Clason; Copyright © 2009, Grapiúna Producoes Artísticas Ltda All rights reserved.

Barrault, Jean-Michel; *Mit zwanzig Jahren am Kap Hoorn:* Übersetzung von Christiane Hauert.

Barrico, Alessandro; *Novecento:* aus dem Italienischen von Karin Krieger; © der deutschsprachigen Ausgabe: 2006 Deutscher Taschenbuchverlag, München.

Baudelaire, Charles; *Der Mensch und das Meer:* Aus: Charles Baudelaire, Die Blumen des Bösen, übertragen von Carlo Schmid; © Insel Verlag, Frankfurt am Main und Leipzig, 1976.

Beddoes, Thomas Lovell; *Seemannslied:* Wilhelm Lehmann. Gesammelte Werke in acht Bänden. Hrsg. Von Agathe Weigel-Lehmann u. a. Band 1: Sämtliche Gedichte. Hrsg. Von Hans Dieter Schäfer; Klett-Cotta, Stuttgart, 1982.

Bligh, William; *Die BOUNTY:* aus dem Englischen übertragen und mit Anmerkungen begleitet von Georg Forster; übernommen aus: Vossische Buchhandlung, Berlin, 1793.

Brassens, Georges; *Die Kumpel zuerst:* Aus: Chansons. Das Gesamtwerk. Übertragen von Gisbert Haefs; Zweitausendeins, Frankfurt am Main, 1996.

Brecht, Bertolt; *Bericht eines Schiffbrüchigen:* Aus: Bertolt Brecht, Große kommentierte Berliner und Frankfurter Ausgabe, Band 3; © Suhrkamp Verlag, Frankfurt am Main, 1993.

Brix, Adolf; *Bootsbau:* © Edition Maritim GmbH, Hamburg, 1990.

Buchheim, Lothar-Günther; *Das Boot:* Aus: Lothar-Günther Buchheim: Das Boot. © 1973 Piper Verlag GmbH, München.

Camus, Albert; *Reisetagebücher:* Auszug aus Albert Camus, Reisetagebücher. Herausgegeben von Roger Quilliot. Deutsche Übersetzung von Guido G. Meister; Copyright © 1980 by Rowohlt Verlag GmbH, Reinbek bei Hamburg.

Céline, Louis-Ferdinand; *Reise ans Ende der Nacht:* Auszug aus Louis-Ferdinand Céline, Reise ans Ende der Nacht. Deutsche Übersetzung von Hinrich Schmidt-Henkel; Copyright © 1958, 2003 by Rowohlt Verlag GmbH, Reinbek bei Hamburg.

Cendrars, Blaise; *Auf allen Meeren:* aus dem Französischen von Giò Waeckerlin Induni; Lenos Verlag, Basel, 1998.

Coles, Adlard; *Schwerwettersegeln:* Ins Deutsche übertragen von Wolfgang Rittmeister; © by Delius, Klasing & Co. KG, Bielefeld, 1970.

Coloane, Francisco; *Der Eisberg von Kanasaka:* Aus: Francisco Coloane, Kap Hoorn. Aus dem chilenischen Spanisch von Willi Zurbrüggen; © 1998 by Unionsverlag, Zürich.

Coloane, Francisco; *Der letzte Schiffsjunge der BARQUEDANO:* aus dem Spanischen von Willi Zurbrüggen; © 2000 by Unionsverlag, Zürich.

Conrad, Joseph; *Der Nigger von der NARZISSUS:* Auszüge aus Joseph Conrad, Der Nigger von der »Narzissus«. Deutsch von Ernst Wagner; © S.Fischer Verlag GmbH, Frankfurt am Main, 1971.

Conrad, Joseph; *Der Spiegel der See:* Deutsch von Ernst Wagner; © S. Fischer Verlag, Frankfurt am Main, 1973.

Conrad, Joseph; *Der Griff des Landes:* Aus: Joseph Conrad: Der Spiegel der See. Erinnerungen und Eindrücke. Deutsch von Ernst Wagner; S. Fischer Verlag, 1973.

Conrad, Joseph; *Jugend:* Auszüge aus Joseph Conrad, Jugend. In: ders., Gesammelte Werke in Einzelbänden. Jugend. Herz der Finsternis. Das Ende vom Lied. Deutsch von Fritz Lorch; © S.Fischer Verlag GmbH, Frankfurt am Main, 1968.

Conrad, Joseph; *Über mich selbst:* Auszüge aus Joseph Conrad, Jugend. In: ders., Gesammelte Werke in Einzelbänden. Jugend. Herz der Finsternis. Das Ende vom Lied. Deutsch von Fritz Lorch; © S. Fischer Verlag GmbH, Frankfurt am Main, 1968.

Conti, Anita; *Die See, die Fische und der Mensch:* Übersetzung von Christiane Hauert.

Cooper, James Fenimore; *Der rote Freibeuter:* Aus: James Fenimore Cooper / Der Rote Freibeuter, Übersetzung von Roland Focke; © 2004 Arena Verlag GmbH, Würzburg.

Corbière, Tristan; *Der Schiffjunge:* Aus: Französische Symbolisten, ausgewählt, übersetzt und mit dem französischen Text hrsg. von Hannelise Hinderberger; © Verlag Lambert Schneider, Heidelberg, 1969.

Dana, Richard Henry; *Zwei Jahre vor'm Mast:* Deutsch von Kaptiän Wilhelm Hens; © Edition Maritim, Hamburg, 1981.

de Chateaubriand, François-René; *Erinnerungen:* Übersetzung aus dem Französischen von Sigrid von Massenbach; © 1968 by Nymphenburger in der F.A. Herbig Verlagsbuchhandlung GmbH, München.

de la Fontaine, Jean; *Der Schäfer und das Meer:* Aus: Sämtliche Fabeln von J. de la Fontaine. Aus dem Französischen von Ernst Dohm & Gustav Fabricius; © 1978/1995, Patmos Verlag GmbH & Co. KG, Artemis & Winkler, Mannheim.

de Maupassant, Guy; *Fischer:* Aus: Guy de Maupassant. Sämtliche Novellen. Hrsg. und übers. von Christel Gersch. Band IV; © Aufbau Verlag GmbH & Co. KG, Berlin, 1986 (diese Werk erschien erstmals 1986 im Aufbau Verlag; Aufbau ist eine Marke der Aufbau Verlag GmbH & Co. KG).

Domizlaff, Hans; *Das Meer in tiefen Zügen atmen:* Mit freundlicher Genehmigung von Svante Domizlaff.

Dumas, Alexandre; *Der Graf von Monte Cristo:* Ins Deutsche übertragen von Hedwig Kehrli; Schweizer Druck- und Verlagshaus AG, Zürich.

Durrell, Lawrence; *Leuchtende Orangen:* Lawrence Durrell, Leuchtende Orangen, Rhodos – Insel des Helios (Auszug). Deutsche Übersetzung von Herbert Zand; Copyright © 1964 by Rowohlt Verlag GmbH, Reinbek bei Hamburg.

Erdmann, Wilfried; *Allein gegen den Wind:* © by Delius, Klasing & Co. KG, Bielefeld, 2002.

Flaubert, Gustave; *Über Feld und Strand:* Aus: Gustave Flaubert: Die Reisetagebücher. Hrsg. und übers. von Eduard Wilhelm Fischer; © Aufbau Verlag GmbH & Co. KG, Berlin, 1993 (1993 im Gustav Kiepenheuer Verlag; erstmals erschienen 1919 unter dem Titel Tagebücher. Deutsche Gesamtausgabe in drei Bänden; Gustav Kiepenheuer ist eine Marke der Aufbau Verlag GmbH & Co. KG).

Forester, Cecil Scott; *Fähnrich Hornblower:* Auszüge aus C.S. Forester, Fähnrich Hornblower. Aus dem Englischen von Eugen von Beulwitz; © Wolfgang Krüger Verlag GmbH, Hamburg, 1967. Alle Rechte vorbehalten S. Fischer Verlag GmbH, Frankfurt am Main.

Gerbault, Alain; *Abenteuer Atlantik:* Übersetzung von Kurt Wagenseil; © Edition Maritim GmbH, Hamburg, 1980.

Giono, Jean; *Die große Meeresstille:* Jean Giono: Die große Meeresstille. Aus dem Französischen übertragen von Ernst Sander und Heti Benninghoff; © MSB Matthes & Seitz Berlin Verlagsgesellschaft mbH, Berlin, 1992, 2010.

Golding, William; *Äquatortaufe:* aus dem Englischen von Herbert Schlüter; veröffentlicht C. Bertelsmann Verlag, München, 1983.

Gracq, Julien; *Witterungen:* aus dem Französischen von Dieter Hornig; © Literaturverlag Droschl, Graz – Wien, 2001.

Graf Kessler, Harry; *Auf See:* Drei Textauszüge aus: Harry Graf Kessler, Notizen über Mexiko; © Insel Verlag, Frankfurt am Main und Leipzig, 1964.

Hauser, Heinrich; *Die letzten Segelschiffe:* © Heinrich Hauser: Die letzten Segelschiffe. Einhundertzehn Tage auf der ›Pamir‹; Koehlers Verlagsgesellschaft mbH, Hamburg, 1976, S. 16–17. Alle Rechte, insbesondere das der Übersetzung, vorbehalten.

Hauser, Heinrich; *Kampf mit Kap Hoorn:* © Heinrich Hauser: Die letzten Segelschiffe. Einhundertzehn Tage auf der ›Pamir‹; Koehlers Verlagsgesellschaft mbH, Hamburg, 1976, S. 114–121. Alle Rechte, insbesondere das der Übersetzung, vorbehalten.

Hemingway, Ernest; *Der alte Mann und das Meer.* Auszug aus: Ernest Hemingway, Der alte Mann und das Meer, Übersetzung ins Deutsche von Annemarie Horschitz-Horst; Copyright ©1952, 1977 by Rowohlt Verlag GmbH, Reinbek bei Hamburg.

Homer; *Odyssee, Fünfter Gesang:* Übersetzt von Roland Hampe; 1979, Philipp Reclam jun. GmbH & Co. KG, Stuttgart.

Huchel, Peter; *Der Hafen:* Aus: Peter Huchel, Gesammelte Werke, Band 1; © Suhrkamp Verlag, Frankfurt am Main, 1984.

Hugo, Victor; *Die Arbeiter des Meeres:* Aus: Die Arbeiter des Meeres, in der Übersetzung von Rainer G. Schmidt von Victor Hugo; © für diese Ausgabe bei Achilla Presse Butjadingen, 2005.

Hugo, Victor; *Die Winde der hohen See:* Aus: Victor Hugo; Die Arbeiter des Meeres. Aus dem Französischen übertragen und herausgegeben von Rainer G. Schmidt; Achilla Presse Verlagsbuchhandlung, Hamburg, Li-Hou, Butjadinen, 2003.

Janichon, Gérard; DAMIEN – *Eisberge und die Antarktis:* Übersetzung von Christiane Hauert.

Kavvadias, Nikos: *Die Wache:* aus dem Neugriechischen von Maria Petersen; veröffentlicht Alexander Fest Verlag, Berlin, 2001.

Kellermann, Bernhard; *Das Meer:* Erstveröffentlichung S. Fischer, Verlag, Berlin, 1918.

Kersauson, Olivier de; *Erinnerungen eines Salznackens:* Übersetzung von Christiane Hauert.

Kipling, Rudyard; *Fischerjungs:* Aus: Rudyard Kipling, Gesammelte Werke, Bd. 3. Deutsch von Norbert Jaques; Paul List Verlag, München, 1978.

Kisch, Egon Erwin; *Bei den Heizern des Riesendampfers:* Aus: Egon Erwin Kisch. Gesammelte Werke in Einzelausgaben. Band 6; © Aufbau Verlag GmbH & Co. KG, Berlin, 1993 (dieses Werk erschien erstmals 1993 im Aufbau Verlag; Aufbau ist eine Marke der Aufbau Verlag GmbH & Co. KG).

Labat, Jean-Baptiste; *Peter Labats Sklavenbericht:* Edition Erdmann in der marixverlag GmbH, Wiesbaden, 1984.

Lacarrière, Jacques; *Griechischer Sommer:* Excerpts from L'ETE GREC by Jacques Lacarrière © PLON, Collection Terre Humaine, 1976; Übersetzung aus dem Französischen von Monique Retterspitz; © 1976 by Limes, Wiesbaden genehmigt durch die F. A. Herbig Verlagsbuchhandlung GmbH, München.

Larson, Björn; *Kap Zorn:* Aus dem Schwedischen von Knut Krüger; Copyright © 2003 by mareverlag, Hamburg.

Le Braz, Anatole; *Auf See:* Übersetzung von Christiane Hauert.

Le Clézio, Jean-Marie Gustave; *Raga:* Aus: J.M.G. Le Clézio, RAGA – Besuch auf einem unsichtbare Kontinent. Aus dem Französischen von Beate Thill. Erschienen in der Reihe Völker am Wasser, herausgegeben von Édouard Glissant; Verlag Das Wunderhorn, Heidelberg, 2008.

Le Toumelin, Jaques-Yves; *Mit KURUN zu den Antillen:* Übersetzung von Christiane Hauert.

Leip, Hans; *Die Mole:* Aus: ders.: Die Nächtezettel der Sinsebal. Kreis-Verlag, Hamburg, 1927. Rechte liegen bei: Hans Leip Gesellschaft e. V., Hamburg.

Lichtwark, Alfred; *Eine Sommerfahrt:* Aus: Eine Sommerfahrt auf der Yacht HAMBURG. Commetersche Kunsthandlung, Hamburg, 1904.

London, Jack; *Der Seewolf:* Übersetzung aus dem Amerikanischen von Erwin Magnus; © 1926 by Universitas in der F. A. Herbig Verlagsbuchhandlung GmbH, München.

London, Jack; *Die Fahrt der SNARK:* Übersetzung aus dem Amerikanischen von Erwin Magnus; © 1930 by Universitas in der F. A. Herbig Verlagsbuchhandlung GmbH, München.

Loti, Pierre; *Die Hochzeit von Loti:* Übersetzung von Christiane Hauert.

Loti, Pierre; *Ein Seemann:* Übersetzung von Christiane Hauert.

Mac Orlan, Pierre; *Die Lieder der Matrosen:* Übersetzung von Christiane Hauert.

Mallarmé, Stéphane; *Seewind:* Stéphane Mallarmé, Sämtliche Dichtungen. Zweisprachige Ausgabe. Mit einer Auswahl poetologischer Schriften. Nachwort von Johannes Hauck. Übersetzung der Dichtungen von Carl Fischer. Übersetzung der Schriften von Rolf Stabel; © 1992, Carl Hanser Verlag, München.

Mann, Thomas; *Buddenbrooks:* Auszüge aus Thomas Mann, Buddenbrooks. Copyright S.Fischer Verlag, Berlin, 1901. Alle Rechte vorbehalten S. Fischer Verlag GmbH, Frankfurt am Main.

Márquez, Gabriel García; *Bericht eines Schiffbrüchigen:* Aus: Bericht eines Schiffbrüchigen, von Gabriel García Márquez. Titel der Originalausgabe: Relato de un náufrago; © 1970 Gabriel Garcia Márquez. Aus dem Spanischen von Christiane und Curt Meyer-Clason; © 1982, 1998, 2003 bei Verlag Kiepenheuer & Witsch GmbH & Co. KG, Köln.

McGregor, David R., *Klipper:* Aus: ders., Schnellsegler 1775–1875. Konstruktion und Geschichte. Deutsche Übersetzung: Hans Joachim Greiffenhagen; Verlag Delius, Klasing & Co. KG, Bielefeld, 1974.

Melville, Herman; *Moby Dick:* Herausgegeben von Norbert Wehr. Deutsch von Friedhelm Rathjen; Copyright © 2007 by mareverlag, Hamburg.

Melville, Herman; *Redburn. Seine erste Reise:* Redburn von H. Melville. Aus dem Amerikanischen vom Richard Mummendey; © 1967/1995, Patmos Verlag GmbH & Co. KG, Artemis & Winkler, Mannheim.

Melville, Herman; *Typee:* Typee, von H. Melville. Aus dem Amerikanischen von Richard Mummendey; © 1970/1995, Patmos Verlag GmbH & Co. KG, Artemis & Winkler, Mannheim.

Merrien, Jean; *Sie segelten allein:* Übertragen von Ulrich Zimmermann; © by Delius, Klasing & Co. KG, Bielefeld, 1963.

Michelet, Jules; *Das Meer:* Aus: Das Meer, von Jules Michelet in der Übersetzung Rolf Wintermeyer; © für diese Ausgabe Campus Verlag, Frankfurt / New York, 2006.

Mishima, Yukio; *Der Seemann, der die See verriet:* Copyright für die deutsche Übersetzung von Sachiko Yatsushiro; Copyright © 1970 by Rowohlt Verlag GmbH, Reinbek bei Hamburg. GOGO NO EIKO Copyright © The Heirs of Yukio Mishima, 1963 All rights reserved.

Moitessier, Bernard; *Der verschenkte Sieg:* Übersetzung von Wolfgang Ritteneister; © by Delius, Klasing & Co. KG, Bielefeld, 1974.

Newby, Eric; *Hölle vor dem Mast:* Deutsche Übersetzung von Siegfried H. Engel. Diese Übersetzung erschien erstmalig 1968 unter dem Titel: Das letzte Weizenrennen; © by Delius, Klasing & Co. KG, Bielefeld, 1986.

Orsenna, Érik; *Lob des Golfstroms:* aus dem Französischen von Annette Lallemand; C.H. Beck, München, 2006.

Pagnol, Marcel; *Marius:* aus dem Französischen übertragen von Bruno Frank und Robert Blum. © LangenMüller in der F.A. Herbig Verlagsbuchhandlung GmbH, München.

Peisson, Édouard; *Der Seemann:* Übersetzung von Christiane Hauert.

Peisson, Édouard; *Fort aus Liverpool:* Übersetzung von Christiane Hauert.

Pérez-Reverte, Arturo; *Die Seekarte:* aus dem Spanischen von Ulrich Kunzmann; © 2001 List Verlag in der Ullstein Buchverlage GmbH, Berlin.

Poe, Edgar Allan; *Die denkwürdigen Erlebnisse des Arthur Gordon Pym:* aus dem Amerikanischen von Gisela Etzel; veröffentlicht Diogenes Verlag AG, Zürich, 1985.

Prévert, Jacques; *Walfang:* Aus: Jacques Prévert, Gedichte und Chansons. Deutsche Übersetzung von Kurt Kusenberg; Copyright © 1962 by Rowohlt Taschenbuch Verlag GmbH, Reinbek, bei Hamburg.

Proust, Marcel; *Das Meer:* Textauszug Das Meer wird immer ... mit dem der Dinge vereint. Aus: Marcel Proust, Freuden und Tage und Andere, S. 194ff.; © Suhrkamp Verlag, Frankfurt am Main, 1988.

Queffélec, Henri; *Die Fischer von Fécamp:* aus dem Französischen übersetzt von Karl Rauch; © Verlag Herder GmbH, Freiburg i. Breisgau, 1. Auflage 1965.

Queffélec, Henri; *Sturm bei Douarnenez:* Aus: Henri Queffélec, Die Fischer von Fécamp © Verlag Herder GmbH, Freiburg i. Breisgau, 1. Auflage 1965

Rabelais, François; *Wie Pantagruel einen schweren Sturm auf dem Meer überstand:* Aus: Francois Rabelais; Gargantua und Pantagruel. Vollständige Ausgabe in zwei Bänden. In der von Edith und Horst Heintze revidierten Übers. Adolf Gelbckes; © Aufbau Verlag GmbH & Co. KG, Berlin, 1970 (in dieser Fassung erstmals erschienen 1970 als Band 306/307 der Sammlung Dieterich; Sammlung Dieterich ist eine Marke der Aufbau Verlag GmbH & Co.KG).

Rimbaud, Arthur; *Das ertrunkene Schiff:* aus dem Französischen von Thomas Eichhorn; © Rimbaud Verlagsgesellschaft mbH.

Ringelnatz, Joachim; *Gefahren und Strapazen:* Aus: Joachim Ringelnatz, Matrosen. Veröffentlicht Edition Maritim GmbH, Hamburg, 2005.

Ringelnatz, Joachim; *Matrosen:* Aus: Joachim Ringelnatz, Matrosen. Veröffentlicht Edition Maritim GmbH, Hamburg, 2005.

Ringelnatz, Joachim; *Segelschiffe:* Aus: Joachim Ringelnatz / Gedichte, Bd. 2, Segelschiffe Verlag Karl Henssel, 1985.

Sabatini, Rafael; *Aus dem Logbuch des Piratenkapitäns.* Veröffentlicht Aequator-Verlag, Hamburg, 1934.

Sindbad der Seefahrer: Aus: Geschichten aus Tausendundeiner Nacht. Aus dem Arabischen übersetzt von Max Henning; Verlag Philipp Reclam jun, Leipzig, 1964.

Slocum, Joshua; *Allein um die Welt:* Deutsche Übersetzung Jürgen Hassel; © by Delius, Klasing & Co. KG, Bielefeld, 1977.

Smeeton, Miles; *TZU HANG – Kenterung vor Kap Hoorn:* Deutsche Übersetzung: Svante Domitzlaff. Aus: Once is enough, Vardey & Brunton / Rupert Hart – Davis Ltd., London, 1959.

Stevenson, Robert Louis; *Der Ausschlachter:* aus dem Englischen von Hanna Neves; © 1994, Deutscher Taschenbuch Verlag, München.

Stevenson, Robert Louis; *Die Schatzinsel:* Auszüge aus: Die Schatzinsel von Robert Louis Stevenson, aus dem Englischen von Otto Weith; © Philipp Reclam jun. GmbH & Co. KG, Stuttgart.

Tournier, Michel; *Das Unwetter:* Michel Tournier, Freitag oder das Leben in der Wildnis. Aus dem Französischen von Rolf und Hedda Soellner; © 1997, Carl Hanser Verlag, München.

Van der Wiele, Annie; *Penelope auf Reisen:* Übersetzung von Christiane Hauert.

Vercel, Roger; *Die Unheimliche:* Übersetzung von Christiane Hauert.

Verhaeren, Émile; *Die Reise:* Nachdichtung von Stefan Zweig; Insel Verlag, Leipzig, 1913.

Verne, Jules; *20 000 Meilen unter den Meeren:* Neu übersetzt und eingerichtet von Joachim Fischer; veröffentlicht Verlag Bärmeier Nikel, Frankfurt am Main, 1966.

Villiers, Alan; *Die Heimat der Seeleute:* aus: Alan Villiers: Auf blauen Tiefen; Übersetzung: Fred Schmidt, Edition Maritim GmbH, Hamburg, 1984.

Villiers, Alan; *Die Mannschaften:* aus: Alan Villiers; Auf blauen Tiefen; Übersetzung: Fred Schmidt, Edition Maritim GmbH, Hamburg, 1984

Villiers, Alan; *Die Söhne Sindbads:* Veröffentlicht: Verlag Hans Dulk, Hamburg, 1956.

Voltaire; *Seesturm, Schiffbruch:* Aus: Voltaire. Sämtliche Romane und Erzählungen. Übers. u. a. von Ilse Lehmann; © Aufbau Verlag GmbH & Co. KG, Berlin, 1948 (in dieser Übersetzung erstmals erschienen 1948 als Band 58 der Sammlung Dieterich; Sammlung Dieterich ist eine Marke der Aufbau Verlag GmbH & Co. KG).

Werfel, Franz; *Das Wrack von Paraggi:* Aus: ders., Das Lyrische Werk. Hrsg. Von Adolf D. Klarmann; © S. Fischer Verlag GmbH, Frankfurt am Main, 1967.